충무공 이순신의 **리더십**

충무공 이순신의 리더십

1판 1쇄 발행 | 2004년 9월 10일
1판 4쇄 발행 | 2015년 8월 20일

지은이 | 김주영
펴낸이 | 이현순

펴낸곳 | 백만문화사
우 121-856 서울특별시 마포구 독막로 28길 34(신수동)
대표전화 (02)325-5176 | 팩시밀리 (02)323-7633
신고번호 | 제2013-000126호
e-mail : bmbooks@naver.com
홈페이지 : www.bm-books.com
Translation Copyright©2004 by BAEKMAN Publishing Co.
Printed & Manufactured in Seoul Korea

ISBN 89-85382-67-5 03320
값 9,000원

* 잘못된 책은 바꾸어 드립니다.

충무공
이순신의
리더십

김주영 지음

백만문화사

머 리 말

왜 지금 이순신인가?

얼마 전에 모 일간지에서 조사한 바에 의하면 우리나라 국민들은 역사상 가장 훌륭한 지도자로 박정희 전대통령과 세종대왕 그리고 충무공 이순신을 꼽았다. 이것은 곧 우리나라에는 리더는 많으나 리더십이 없으며, 따라서 리더십을 갖춘 참된 지도자는 찾기 힘들다는 것을 말하는 것이다.

그러면 리더십이란 무엇인가?

리더십이란 한 사람이 다른 사람으로부터 마음속에서 우러나는 복종과 신뢰, 존경 그리고 충성스러운 협력을 얻어내는 기술이라고 할 수 있다. 따라서 리더십은 곧 한 사람의 인간과 집단간, 리더와 부하간에 관한 문제라고 할 수 있다. '리더십이란 한마디로 말해 추종자를 얻는 능력'이라고 단정지을 수 있다.

이러한 의미의 전제하에서 이순신만큼 드라마틱한 삶을 살면서 진정한 리더십이란 어떤 것인가를 보여준 인물이 우리 역사상 많지 않다.

그러면 왜 지금 이순신의 리더십인가?

역사가 과거를 통해 현재를 조명하고 미래를 투시하는 거울이라고 한다. 그 지울 수 없는 역사 속에서 여전히 빛나고 있는 이순신의 리더십을 통해 현재를 짚어가고 미래를 준비해야 하기 때문이다.

또한 이순신이 보여준 유비무환의 자세와 위기관리 능력, 그리고 인간애를 바탕으로 한 리더십은 IMF 이후 최대 위기를 맞이한 오늘날의 우리들에게 귀감이 될 것이며, 모든 어려움을 용기와 결단력으로 이겨내고 백전백승한 이순신의 정신과 정보를 수집하고 활용하는 지략과 지혜, 무에서 유를 만들어 내는 창의력은 무한 경쟁 시대인 21세기를 살아가는 우리들에게 꼭 필요한 사상이라고 믿기 때문이다. 우리는 이제 이순신이 보여준 사상과 의지, 그리고 용기로 개인과 사회와 나라에 부닥친 많은 난관을 극복해 나가야만 하겠다.

본서는 이순신의 일대기 중에서 그의 리더십이 잘 나타나는 부분만을 골라서 그의 리더십의 본체를 알리고자 하였다.

본서로 이순신의 리더십을 알고 이해한 다음 그 리더십을 통해서 이 시대에 참으로 필요한 리더십이 무엇인지 아는 데 도움이 되기를 바라는 마음 간절하다.

2004년 8월 15일을 앞두고…

차   례

Part 1

삶을 통해서 나타난 리더십

리더로서의 탄생

리더십은 천부의
자질이 없으면 발휘하지 못한다.
우수한 기사장이니
지배인이니 하는 사람들은
모두 천부의 자질을 지니고 있다.

천부적인 자질로 태어난 리더십

"한 사나이가 있었다. 그는 있는 힘을 다해 뿌리가 뽑히려는 큰 아름드리나무를 온몸으로 지탱하고 있는 중이었다. 그 나무는 하늘을 찌를 듯이 높이 솟았고 가지는 울창하게 드리워져 있었다. 그 나무 위에는 몇천 명, 몇만 명인지 모르는 수많은 사람들이 올라가 몸을 기대고 있었다."

위의 글은 임진왜란이 일어나기 1년 전에 이순신이 전라좌수사로 임명되었을 때 그의 친구가 꾼 꿈이었다. 이순신이 정신적으로 친구에게 어떤 영향을 주어서 그런 꿈을 꾸게 했는지 모른다.

그런데 이 내용은 친구의 꿈이 아니라 이순신의 행적을 한층 더 영웅적으로 만들기 위해 그 당시 백성들이 지어낸

이야기라는 학설도 있다. 그러나 꿈이든 지어낸 이야기든 간에 이 이야기 내면에는 당시의 불안한 국내외 상황과 이순신에게 거는 백성들의 기대감이 들어 있다고 할 수 있다.

이순신은 인종 원년(1545년 4월 28일)에 덕수 이씨의 12대손으로 현재 서울 중구 인현동 1가 부근인 건천동에서 태어났다.

순신이란 이름은 형제간의 항렬인 신(臣)자를 돌림으로 하고, 중국 고대 신화에 나오는 임금 순(舜)의 이름을 따서 순신이라고 지었다.

조선시대에는 이름보다도 서로 호칭하는 데 자(字)를 많이 썼다. 이순신의 자는 여해(汝諧)로 <시경(詩經)>에서 따왔는데, 그 뜻은 순 임금의 신하로서 조화롭고 화목하게 정치를 펴는 것을 뜻한다.

그가 태어난 건천동은 임진왜란을 주도적으로 해결한 유성룡과 명나라와의 외교에서 공이 많았던 허성, 그리고 이순신과 함께 수군을 맡았던 원균을 배출한 곳이다.

15세기 중엽 조선은 암흑기를 지나고 있었다. 정쟁으로 인해 신진 세력들이 훈구 세력들에게 밀려나면서 신진 세력의 대표적이라고 할 수 있는 조광조는 이미 제거되었고, 살아남은 신진 세력들은 세상을 등졌다. 이른바 조선의 4대 사화가 절정을 치닫던 때에 이순신이 태어난 것이다.

그해 을사사화가 일어난 것이다. 왕실의 외척인 소윤과 대윤의 피비린내 나는 정쟁으로 신진 세력의 사람들이 다시 화를 당하고 있었고, 사회는 그야말로 한치 앞을 내다볼 수 없는 암흑 속에 있었다.

이순신의 집안도 이런 사회에서 자유로울 수가 없었다. 할아버지가 기묘사화에 연루되어 그의 아버지는 벼슬길에 오를 수가 없었다. 그리하여 이순신은 어렸을 때에 한양을 등지고 외가가 있는 충남 아산으로 내려갔다. 그로부터 그는 관직에 오를 때까지 그 곳에서 생활했다.

사리에 밝은 어린 시절

그의 어린 시절은 다른 아이와 별다를 바 없었으나 그는 전쟁놀이를 즐겨했다.

전쟁놀이를 할 때마다 항상 이순신은 대장 노릇을 했다.

이순신은 어릴 때도 언제나 활과 화살을 차고 다녔으며, 비록 나이가 자기보다 더 많은 어른이라도 경우에 어긋나는 일을 하면 그 사람의 눈을 겨냥해 활을 쏘려고 했기 때문에 마을 어른들도 그를 두려워했으며 그의 집 앞을 지나가는 것도 꺼릴 정도였다고 한다.

그는 나면서부터 리더로서의 호쾌한 기상을 타고났던 것이다.

그의 곧은 성격을 말해주는 일화가 있다.

이순신이 여덟 살 되던 해에 참외가 먹고 싶어서 원두막을 찾아가서 주인에게 참외 하나를 달라고 말했다. 그런데 주인이 거절하자 그는 말을 타고 참외밭을 마구 달려 말발굽에 참외들이 수없이 떨어져 나갔다. 그러자 참외밭 주인은 잘못했다고 하면서 참외를 실컷 먹으라고 많이 주었다.

또 이웃에 살고 있는 소경 아이가 어느 날 이순신에게 어느 집을 지정해주면서 그 집에 가면 동아(호박과 비슷하게 생긴 과일)가 많으니 가서 몰래 훔쳐오자고 말하였다.

이순신은 그를 데리고 집 주위를 두 바퀴 돈 다음 동아가 많다는 집으로 가는 척하다가 그의 집에 데리고 가서 그 아이를 지붕 위에 올려놓고 혼자 집으로 돌아왔다. 소경 아이의 엄마는 동아를 따온 줄 알고 나왔다가 제 자식이 지붕 위에 있는 것을 보고 놀랐다고 한다.

어려서부터 강직하고 불의를 보면 참지 못하며 자신이 목적한 것은 어떤 일이 있어도 이루고야 마는 품성의 소유자였기에 후일에 엄격한 생활을 할 수 있었다.

리더의 집안

앞에서도 지적했지만 이순신의 부모는 아들을 놓자 모두들 당대에 훌륭한 사람이 되라고 중국 신화에 나오는 황제의 이름을 땄다. 그리하여 이순신의 맏형은 삼황오제에서 복희씨를 따 희신이라 했고, 둘째형은 삼대의 요를 본받으라는 뜻으로 요신으로 지었다. 또 순신의 동생은 우 임금을 따라 우신이라 지었다.

덕수 이씨 중 10대 종손의 집안에는 요신·순신·우신·탕신·문신·무신이라는 6형제로 이름을 지은 경우도 있어 당시 어진 왕의 신하가 되라는 좋은 의미로 이렇게 이름을 지었음을 알 수 있다.

중국에서 가장 이상적인 기준으로 삼고 있는 전설상의 시대는 요·순·우의 '삼대'이다. 이 시기 순 임금은 관직을 정비하여 신하들의 재주에 맞게 각각 임명하면서 말하기를 "좋도다! 가서 서로 협력하여 일하라."고 하였다.

또 순 임금이 신하인 우에게 왕위를 물려주려고 하자, 우는 이를 사양하고 점을 쳐서 하늘에 물어볼 것을 주장했다. 이에 순 임금은 점괘도 이미 좋게 나왔다고 하면서 "그러지 말라. 오직 너만이 조화롭게 할 수 있을 뿐이다."라고 하였다. 즉 여해라는 자는 순 임금의 신하로서 조화롭고 화목하게 정치를 펴는 것을 뜻한다.

이순신의 부친인 이정은 누명을 써서 억울한 일을 당했음이 밝혀지지만 가문에 큰 타격을 준 것으로 생각된다. 이백록이 어떤 처벌을 받았는지는 알 수 없으나 혹 이 사건으로 이정의 집안은 과거시험 응시를 제한당한 것으로 추측된다.

이순신의 무과 합격 교지를 보면 신분이 보인으로 기록되어 있다. 보인이라는 것은 양반, 상인을 막론하고 세 사람이 한 조를 이루어 한 사람이 수자리에 나가면 나머지 두 사람이 군마를 기르고 수자리 간 사람의 뒷바라지를 담당하는 제도였다.

그런데 이 즈음에 이르러 이러한 군역제도는 변질되어

종으로 대신하거나 가난한 상민들이 전담하고 당시 양반들은 대체로 향교나 서원에 적을 두고 유학을 칭하면서 군역을 면제받고 있었다.

이로 미루어 보아 이순신의 집안은 아산으로 낙향한 후 말을 기르면서 상민과 같이 보인의 군역을 담당하고 있었을 정도로 가세가 곤궁하였다.

자칫 몰락의 길로 접어들 뻔했던 가문은 이순신이 두각을 나타낸 후부터 명문가로 자리하기 시작했다. 그의 집안에서는 다섯 세대에 걸쳐 일곱 명의 충신과 두 명의 효자가 나왔다.

이들은 이순신 자신을 비롯하여 셋째아들인 면, 조카인 완, 서자인 훈과 신, 4세손 홍무, 5세손 봉상 등의 충신과 7세손 은빈·제빈 등의 효자이다.

이를 덕수 이씨 가문의 '5세 7충 2효'라 한다. 또 초대 삼도수군통제사로 이순신이 임명된 후 330년 208대의 통제사 중에는 12명의 후손이 들어 있어 조선 후기 대표적인 무반 가문으로 정착해 갔음을 알 수 있다.

한 사람으로 인해서 그 가정이 훌륭한 가문으로 된 대표적인 예라고 할 수 있다.

리더로서의 준비

지도자가 되기 위해서
한 가지 필요한 것은
그의 변치 않는 의지력이다.
즉 덕(德)이요, 절조(節操)이다.

위엄을 갖춘 군인

이순신은 28세가 되던 해인 1572년(선조 5년) 8월에 무예를 닦은 지 7년 만에 처음으로 훈련원에서 실시하는 별과에 응시하였으나 실패했다.

말을 타고 달리면서 활을 쏘는 시험을 치다가 그만 말에서 떨어지고 말았다. 왼쪽 다리가 부러지는 중상을 입어 구경하던 사람들이 혹시 죽지나 않았는가 걱정하고 있을 때 그는 한 발로 땅을 짚고 일어서서는 버드나무껍질을 벗겨 상처를 싸맨 다음 남은 시험도 마치는 투혼을 보였다.

그로부터 4년 후인 그의 나이 32세 되던 해에 마침내 무과시험에 합격하였다. 이 때가 임진왜란 발발 15년 전이었다.

당시의 정규 무인 채용시험인 무과는 3년마다 한 번씩 있었고, 합격자는 29명이었다.

그런데 그의 성적이 예상 외로 저조하여 전체 합격자 29명 중에 12등을 차지했다. 그 당시 무과에 급제하는 것 자체가 힘든 일이었다. 우리나라 역사상 가장 뛰어난 지도자가 장원급제 출신이 아니었던 것이다.

그리고 무엇보다도 그 당시 문민 중심의 사회에서 무관으로 출발하였던 것이다. 이미 출발부터 사회의 중심축에서 벗어나 있었던 것이다.

그는 조숙한 천재는 아니었으나 궁술의 명인으로 강직한 성품으로 무경(武經)에 통하고 지략이 뛰어난 군인이었다.

이순신은 무예를 배울 때부터 활쏘기와 말달리기 등 모든 것이 동료들 중에서 뛰어났다.

아무도 그를 따라갈 사람이 없었다. 뿐만 아니라 그는 말과 행동에 위엄이 있었고 생활이 엄격하였다. 따라서 동료들은 그와 농담을 하고 대화를 나누면서도 함부로 무시하는 말을 하거나 그의 앞에서 '자네' 또는 '너'라는 말로서 그를 부르지 않았으며, 언제나 존경하는 마음으로 이순신을 대하였다.

이순신은 무과에 합격하여 군인 생활을 하면서 세상이

자기를 알아줄 때까지 묵묵히 자기 일에만 충실하였다. 맡은 바 임무만 충실할 뿐 높은 사람의 힘을 빌려 출세의 가도를 달리려는 생각은 추호도 하지 않았다.

따라서 그의 군인 생활 초기에는 진급이 늦은 편이었다. 그가 비록 무과에 합격하였으나 무려 11개월 동인이나 보직이 주어지지 않았다.

그의 인격과 실력이 뛰어났음에도 불구하고 조그마한 벼슬자리 하나 얻지 못한 것을 보고 그를 측은히 여기는 사람들이 그를 위로하자 그는 이렇게 말하였다.

사나이가 세상에 나서 쓰이면 충성으로서 죽음을 바칠 것이요, 쓰이지 않으면 들에 내려가 밭갈이 하는 것도 족하다.

리더로서의 그의 인격이 잘 나타난 언행(言行)이다.

지략이 뛰어났다

   1583년(선조 16년) 10월, 39세의 이순신은 최전방인 함경
도 변방 건원보의 권관으로 근무하라는 명령을 받았다.

   건원보는 함경북도 경원에서 남쪽으로 40리쯤 떨어진 곳
에 있는데 경흥과의 중간쯤 되는 곳이다.

   건원보는 해안에 둔진보다 작은 군사기지이며, 만호가
다스리는 곳이다. 이 지역에는 여진족들이 살고 있었는데
이들은 수시로 쳐들어와 곡식과 말·소를 약탈하고, 주민
들을 포로로 잡아다가 노비로 부리곤 하였다.

   이순신은 이곳에 부임하자 이들을 토벌하기로 마음먹고
꾀를 써 오랑캐 우두머리를 꾀어내니 울지 내가 오랑캐들
을 이끌고 왔다. 이순신은 미리 복병을 배치했다가 그들을
사로잡았다. 이 때 이미 리더로서의 지략이 나타났다. 조정

에서는 이를 포상하고자 했으나 병마사 김우서의 시기로 상을 받지는 못했다. 다만 이순신이 건원보에 있으면서 훈련원 벼슬이 만기가 되어 참군으로 승진하였다.

이순신이 오랑캐를 잡은 이튿날 11월 15일에 부친이 돌아가셨으나, 그 부고 소식을 이듬해 1584년 1월에야 듣고 고향으로 돌아가 3년상을 지냈다.

탈상 후 이순신은 사복시 주부가 되었다가 곧 유성룡의 추천으로 조산보 만호로 전근하였다.

위험 앞에서도 의연한 자세를 취하다

　　1587년 8월에 이순신은 함경도관찰사 정언신의 추천으로 녹둔도 둔전관을 겸하게 되었다.

　　이 녹둔도는 조산보에서 동쪽으로 20리쯤 되는 섬이며, 두만강으로 들어가는 길목이다.

　　이순신은 녹둔도가 멀리 떨어져 있고, 수비하는 군사가 적은 것을 걱정하여 여러 번 병마사 이일에게 군사를 증원시켜 달라고 청하였다. 그러나 병마사는 그의 군사 증원 요청을 들어주지 않았다.

　　이순신이 부임한 지 얼마 지나지 않아 적이 과연 군사들을 데리고 와서 녹둔도의 둔전 울타리를 에워싸는데, 붉은 모전을 입은 자 몇 명이 앞장서서 달려오므로, 이순신이 활을 당겨 연달아 쏘아 맞혔다. 붉은 옷 입은 자들이 모두 땅에 쓰러지자, 적들은 모두 달아났다.

이 때 이순신은 이운룡과 함께 추격하여 사로잡힌 우리 군사 60여 명을 도로 빼앗아 돌아오는 쾌거를 올렸다.

그러나 이날 싸움에서 수비 장오형과 감독관 임경번 등이 전사하고, 자신은 오랑캐의 화살을 왼쪽 다리에 맞아 부상당하였으나, 여러 부하들이 놀랄까 하여 몰래 화살을 뽑아내는 일이 있었다.

이와 같은 피해가 있기도 했지만, 사로잡혀 갔던 동포 60여 명을 도로 찾았으며, 두목과 오랑캐 3명의 목을 베기도 했던 것이다.

이로 말미암아 북병사 이일은 이순신을 죽여서라도 입을 막아 자기의 죄를 면하려고 이순신을 구속하여 형벌을 가하려 하였다.

그래서 이순신이 불려 들어가게 되었을 때, 병마사의 군관 선거이가 일찍부터 친한 사이라 이순신의 손을 잡고 눈물을 흘리며 위로했다.

"죽을 지도 모르니, 술이나 한 잔 마시고 들어가라."고 권하자 이순신은 이렇게 말하며 거절하였다.

"죽고 사는 것은 천명인데, 술은 마셔 무엇 하랴."

선거이가 다시 물이라도 마시라고 권하자 이순신은 "목

이 마르지 않은데 물은 무엇 때문에 마시겠소?"라 하며 의연히 대처하였다.

생과 사를 두려워하지 않은 의연함을 보여주었다.

그러나 그는 이 일로 파직되고 백의종군하였다. 이것이 이순신의 최초 백의종군이었다. 다음해 1월 여진족의 거점 인 시전부락 토벌군의 우화열장으로 참가하여 공을 세움으로써 복직되었다.

인간애가 넘쳤다

1589년 2월에 이순신은 전라도 관찰사 이광의 군관 겸 조방장으로 부임하였다. 그 때 그의 나이 45세였다. 발포 만호 직에서 파직당한 지 실로 7년 만에 다시 군관 생활을 하게 된 것이다.

그런데 그 해 11월에 선전관을 겸하다가 12월에는 정읍 현관에 보직된 것이다. 과거에 합격한 지 14년 만에 고을 사또가 된 것이다. 참으로 관운이 없는 이순신이었다.

그런데 12월에 정읍 현감에 부임했는데 그 해 태인현 현 감까지 겸하게 되었다. 이것은 태인현 백성들이 이순신을 태인현 현감으로 보내달라고 조정에 상소를 올렸기 때문이다.

이미 그 때부터 백성들은 그의 능력을 높이 인정했기 때문에 그를 칭송한 것이다.

이순신은 정읍 현감으로 부임하면서 그의 노모와 자녀들, 그리고 조카들마저 데리고 갔다.

그의 형 두 사람, 회신과 요신이 일찍 죽자 그의 조카들을 이순신이 자식들과 똑같이 돌보았다.

그런데 당시 그 지방의 사람들 중에 이순신이 너무 많이 가족들을 데리고 부임한다고 하면서 이순신을 비난하였다. 당시에 현감이 부임할 때 너무 많은 가족들을 데리고 오면 '남솔'이라고 하여 금지하고 있었다.

그들의 말을 들은 이순신은 눈물을 흘리면서 이렇게 말하였다.

"내가 가족들을 너무 많이 데리고 온 죄를 지을망정 의지할 데가 없는 것들을 버리는 일은 차마 하지 못하겠소."

이순신은 조카들을 키우면서 자기 자식 못지 않게 사랑하였다. 그리하여 그 조카들을 시집보내거나 장가보내는 일도 자기 자식보다 먼저 시키고, 오히려 자기 자녀들은 늦게 보내었다.

이순신의 가족 사랑과 인간애는 어느 지도자 못지 않았던 것이다.

원칙에 충실한 리더

리더십이란 인간의 시야를 넓혀주고
높은 업적을 달성케 해주며
보통의 레벨을 넘어선
인격을 도야시키는 데에 있는 것이다.

전략의 원칙을 지켰다

1592년(선조 25) 4월 13일 오후 3시에서 5시 사이에 , 대마도를 출발한 왜 수군 선단이 부산진 앞에 도착하였다. 이로부터 장장 7년간의 임진왜란이 시작된 것이다.

조선은 전쟁이 발발하자 박홍의 경상좌수영군이 전혀 저항도 하지 못한 채 붕괴되었으며, 원균(元均)의 경상우수영군은 적선 10여 척을 불태우는 공을 세우기도 하였으나, 모두 흩어지고 단지 전선(戰船) 73척 중 4척만이 남는 형편이 되었다.

전라좌수로 있던 이순신은 왜적의 침략 소식과 더불어 부산이 함락되었다는 소식을 듣고 즉시 전선을 정비하고 방어와 전투 태세를 갖추기에 전력을 기울였다.

그러나 그는 경상좌수 원균의 거듭되는 구원 요청에도

불구하고 즉시 출동하지 않았다. 전황이 어떤지 알 수도 없거니와 왕의 교지가 없었기 때문이었다.

이순신은 우선 전황을 조정에 보고하면서 상황을 면밀하게 분석하고 출정의 대책을 세웠다. 원균과 합세하여 왜적을 치라는 조정의 유지가 4월 26일 도착하였다.

유지를 받자마자 이순신은 전 함대를 4월 29일 수영 앞바다에 총집결시키라는 명령을 내린 다음, 지휘권을 나눈 후 우선 기동 연습을 하였다. 만전의 준비를 한 것이다. 또한 이순신은 령·첨사·만호 등에게 물길을 안내할 사람을 대기하도록 전달했다. 모든 준비를 마친 이순신은 총지휘관이 되어 승선하였다.

전라우수영군의 합류가 늦어 출동이 지연되고 있었으나 더 이상 지체할 수 없다고 판단한 이순신은 다음날에 출동하도록 명령을 하달한 다음, 겁을 먹고 도망가려는 군사의 목을 베어 전군에게 효시함으로써 군법의 준엄함을 보였다.

4일 첫닭이 울자 이순신 장군은 전라좌수에 소속된 모든 군함을 출동시켰다.

당시 전력은 전선 24척, 협선 15척, 포작선 46척, 도합 85척의 대 선단이었다. 이틀 후 한산도에 도착하자 경상우수사 원균이 배 한 척에 승선하여 이순신과 합류하였다. 이순신은 먼저 지휘관들을 소집하여 작전 계획을 세웠다. 사전에 철저한 준비를 하는 이순신의 치밀함이 돋보였다.

7일 정오 경거제도 옥포(玉浦) 앞바다를 통과할 무렵 척후선으로부터 적선이 있음을 알리는 연락이 왔다. 모두 긴장했다.

이때부터 왜군과의 치열한 전투가 시작된 것이다. 이 전투는 조선 수군의 운명을 좌우하는 것으로서 만일 여기에서 패하는 날에는 조선 수군의 사기는 재기할 수 없을 만큼 타격을 받을 것이다 그것을 깨달은 이순신은 결연한 자세로 여러 장수들에게 명령을 내렸다.

"함부로 움직이지 말라! 신중하기를 산과 같이 하라."

함대는 옥포 만을 완전 봉쇄한 다음 일제히 진격해 나아갔다. 왜선 30여 척이 옥포 만에 정박중이었다. 그들 중 큰 배는 휘황찬란한 그림과 무늬로 치장한 장막을 두르고 있었으며, 배의 가장자리에는 홍백의 작은 기가 바람에 나부끼고 있었다.

왜군은 육지에 올라가서 불을 지르고 약탈을 감행하다가 옥포에 돌입하는 이순신의 함대를 보고서 모두 당황하여 배에 올라탔다. 닻줄을 끊고 소리를 지르며 그 중 6척이 해안을 따라 도망치려고 하였다.

이순신은 군함을 지휘하여 포화와 불화살로 순식간에 왜
선 26척을 격파시켰다. 이로써 남해안을 침공한 왜의 선두
부대는 전멸된 것이다.

치밀한 작전을 세우다

5월 29일, 전라좌수군의 이순신은 전선 23척을 지휘하여 여수항을 출항하였다. 이 때 거북선이 그의 웅장한 모습을 드러내자 조선 수군의 사기는 더욱 충천하였다. 거북선이 공격에 제일 선봉에 섰다.

노량(露梁) 앞바다에 이르렀을 때 전선 3척을 인솔하고 있던 원균은 이순신의 전함에 올라와 적의 정세를 상세히 보고하였다.

그곳은 험준한 산으로 둘러싸여 있었다. 왜군들은 대부분이 상륙하였으며, 약 4백 명이 장사진을 치고 있었고, 배에는 홍백의 기를 여기저기에 꽂고 있었다.

산정에는 지휘소로 보이는 장막도 보였다. 해변에는 누각과 같은 왜선 12척이 정박하고 있었다.

조선 수군이 나타나자 진중의 왜군들이 칼을 휘두르며 시위하였으나 조선 수군은 사정거리 밖에 있어서 화포를 발사하기 힘들었고, 또 마침 간조때라 적선에 접근하여 공격할 수도 없었다. 게다가 적은 높은 곳에 위치하였으므로 지리적으로 불리하였다.

그리하여 이순신의 수군은 어떤 공격도 할 수 없었다.

이순신은 지형을 살핀 다음 작전을 구상하여 병사들에게 명령하였다.

"적은 교만하게 보이니 만약 우리가 거짓 퇴각하면 반드시 배를 타고 우리와 싸우려 할 것이다. 적을 바다로 유인하여 합동으로 공격하도록 하라."

명령에 따라서 전 함대가 뱃머리를 돌리자 2백여 명의 왜군들은 산의 진지에서 뛰어내려왔다. 그 반은 해안에서, 그 반은 승선하고 포격을 가하기 시작했다. 때마침 만조가 되어 배가 포구 내에서 자유롭게 움직이게 되자 이순신은 일제히 배를 돌리게 한 다음 먼저 거북선에게 적을 공격할 것을 명했다.

산 위의 왜군과 해안에 있던 왜군, 또한 배 안의 왜군이 응사함에도 불구하고 이순신은 노를 계속 젓도록 재촉하여 배를 몰아 나아갔다. 전함이 교대로 공격하자 산성은 물론 산과 바다가 진동하였다.

배에 타고 있던 왜군은 배에서 내려 산으로 도주하였다. 그 때 왜선은 이순신의 배의 공격에 의하여 무려 12척이나 파괴되었다.

그 전투에서 이순신은 왼쪽 어깨에 적탄을 맞아 유혈이 심하여 피가 발꿈치까지 흘러내렸다. 그러나 그는 활을 손에서 놓지 않고 끝까지 진두지휘를 했다.

전투가 끝난 뒤에야 칼끝으로 탄환을 빼내자, 비로소 병사들이 그의 부상을 알고 놀랐으나 이순신은 태연자약하였다.

이순신은 여러 장수들에게, "적의 목을 베는 대신에 적을 쏘아라! 적의 목이 많고 적은 것이 문제가 아니라 적을 빠른 시간에 명중시켜서 많은 적군을 죽이는 것이 급선무다. 장수들의 전공은 내가 바라보고 있다."라고 하였다.

당시 왜군의 목을 베어 오는 숫자를 보고 포상을 하였다. 그로부터 전투시에는 무수히 적을 사살하였음에도 불구하고 전라좌수군에 있어서는 왜적의 목을 중요시하지 않았다.

무엇보다도 왜적을 많이 죽이는 것이 급선무였기 때문이다.

유인 작전을 세우다

6월 2일, 이순신은 왜선이 당포에 정박중이라는 정보를 듣고는 곧 그리로 직행했다. 왜병은 성에 들어가 방화와 노략질을 자행하고 있었으며, 일부는 성 밖의 산에도 진을 치고 있다가 조선 수군을 보자 발포하기 시작하였다.

당포 선창에는 왜군의 대선 9척, 중소선 12척이 정박하고 있었다. 왜선 중에서도 뛰어나게 큰 전함이 있어서, 선상 층루의 높이는 3·4장(丈)이나 되고 홍색의 장막으로 둘렀다.

이튿날인 5일 정보에 따라서 함대는 당항포 앞바다에 이르렀다. 이순신은 먼저 몇 척으로 지세를 살피게 하고 적이 있으면 끌어내도록 명령하였다.

그리하여 4척은 포구에 머물게 하여 복병을 삼고 51척의 전선은 일렬종대로 조심스럽게 노를 저어 나갔다. 마지막 굽이를 돌자 넓은 내만이 나타나고 왜선의 대선 9척, 중선 4척, 소선 13척이 정박중인 것이 보였다.

조선 수군의 습격을 발견한 왜선이 먼저 포문을 열어 당포 만에서의 해전은 시작되었다.

이 때 후진에서 전투를 지휘하고 있던 이순신은 지형상 해안의 정박중인 적선에게 모든 화력을 한꺼번에 집중시킬 수 없음을 알았다. 또한 만일 전세가 불리하면 적이 육지로 도주할 우려가 있다고 생각하였다.

그리하여 이순신은 우선 왜선을 유인한 다음 포위·섬멸하려는 작전을 세우고 부하 장수들에게 명령을 내려 지금까지 포위하고 있던 것을 풀고 퇴각하는 척하였다. 그리고 왜선들이 도망할 수 있게끔 한 길을 열어 주었다.

조선 수군이 퇴각하는 것으로 오인한 왜 수군은 돛을 올리고 급히 노를 저어 층각선(層閣船)을 중심으로 터놓은 길을 뚫고 반격을 해왔다.

그러나 이때는 이미 늦었다. 벌써 왜선이 이순신의 지략에 의한 포위망 속에 들어온 다음이었기 때문이다.

궁지에 몰린 왜 수군들은 바다로 뛰어들거나 해안에 상륙하여 도망쳤다. 남은 왜선은 불살라 버렸는데 다만 1척만을 남겨 놓았다. 이것은 산으로 도주한 왜적이 우리의 양민을 해칠 것을 우려하여 그 귀로를 터준 것이었다.

과연 그 다음날 살아남은 왜군은 그 배를 타고 나오다가 이순신 휘하의 부장이었던 방답첨사 이순신(李純信)이 통솔하는 전함에게 나포되고 말았다.

이 왜선은 조선 전선과는 비할 수 없을 만큼 호화스러웠고 우수한 장비를 갖추고 있었다. 이 왜선에서 총포 등 무기류와 왜군 3천여 명이 혈서로 맹세한 문서를 노획하는 큰 성과를 올렸다.

7일에는 영등포(永登浦)에 정박중이던 왜군 대선 5척과 중선 2척이 조선 수군의 위용을 보자 닻줄을 끊고 적재되었던 물품들을 바다에 던지고는 도주하다가 추격하는 조선 수군에게 전멸되고 말았다. 그 후 해안을 수색하였으나 왜선은 없었다. 이순신은 여수로 개선하였다.

이순신의 뛰어난 작전과 지략의 성공이었다.

신뢰받는 리더

"나는 사람의 열의를
불러일으킬 수 있는
능력이 있는데 이것이 나에게
가장 큰 보물이다."

새로운 진법을 개발하다

    왜 수군은 이순신 함대의 막강한 전력을 체험하고는 모든 군사력을 동원하여 이순신의 수군을 격파하려고 작전을 세웠다. 왜군의 수군장인 와키자카는 6월 7일과 19일에 거제도 안쪽에 조선 군함이 많이 나타난다는 보고를 도요토미에게 보냈다. 이 보고서를 받은 도요토미는 구기, 가토요시아키, 와키자카 등 3인의 수군장에게 협동하여 조선의 수군을 격파하라는 명령을 내렸다.

    통찰력이 있는 이순신은 전력 보강에 힘쓰는 한편 정보 수집을 하면서 적의 해군을 궤멸시킬 기회를 기다리고 있었다.

    이때가 임진왜란이 일어난 지 석 달 남짓 되던 때였다. 조류를 탄 조선 수군 판옥선 5, 6척이 바람처럼 달리고 있

었다. 그들이 가는 곳은 견내량의 좁은 물길이다. 조선 수
군들은 견내량을 지나 거제 앞바다로 접어들고 있었다. 당
시 견내량에는 대규모 일본수군이 정박하고 있었다.

적선의 수는 모두 73척, 그들을 향해 조선 수군은 결사대
처럼 돌진하고 있었다. 적선단 가까이 접근한 조선 수군은
곧바로 그들을 공격했다.

불의의 기습을 당한 일본 수군은 잠시 당황했으나 곧 전
열을 정비하고 반격에 나섰다. 조선 수군의 역부족이었다.
선제공격을 했던 조선 수군은 밀리기 시작했다. 어디선가
퇴각 북소리가 울렸다. 조선 수군은 뱃머리를 돌려 한산 앞
바다로 퇴각하기 시작했다. 조선 수군의 퇴각을 본 일본 수
군은 기세를 올렸다.

왜군의 총사령관 와키자카 야스하루(脇坂安治)는 전군에
진격 명령을 내렸다. 일본의 안택선과 관선은 일제히 돛을
올리고 바람을 팽팽하게 받으면서 다가왔다.

오늘이야말로 패배를 설욕하리라. 와키자카는 마음이 급
했다. 그는 원래 수군이 아니었다.

육군의 선봉장으로서 눈부신 전과를 올렸다. 특히 용인
전투에서는 2,000의 군사로 6만이 넘는 조선군을 무찔렀다.

도요토미가 특별히 격려한 전투였다. 전쟁 초기 육군은

파죽지세로 몰아붙였다. 조선 땅은 이제 곧 일본의 수중에 떨어질 찰나였다.

그런데 바다에서 일이 틀어지고 말았다. 이순신이라는 이름조차 듣지 못한 조선 장수에게 일본의 수군은 연전연패를 했다. 이에 격분한 도요토미가 특별 명령을 내려 와키자카에게 수군 지휘를 맡겼던 것이다.

그는 곧바로 웅천에 정박해 있던 전선을 견내량 쪽으로 출동시켰다. 단숨에 조선의 전라좌수영 여수를 삼키고 그 기세로 서해를 지나 한강으로 돌진할 생각이었다. 조선의 전선들은 죽을힘을 다해 도망가고 있었다. 와키자카는 모든 함대에 전속력으로 추격할 것을 명령했다.

신호가 올랐다. 한산도 입구에 삼각 모양으로 높이 솟은 첨망산에서였다. 견내량으로 쳐들어갔던 우치적, 이운룡 등이 돌아오고 있다는 신호였다. 그 뒤로는 왜선이 새까맣게 몰려온다는 신호가 함께 올랐다. 이순신은 동요하지 말 것을 군사들에게 명했다.

왜선이 보이면 흥분부터 하는 군사들이 있었다. 태산 같은 령이 있을 때까지 절대로 움직이지 마라. 신호만 올랐을 뿐 아직 아군 전선은 한 개도 보이지 않았다.

대규모 적과 맞닥뜨려 무너뜨릴 수 있는 것, 그것은 새로운 학진법이었다.

장군은 군사들에게 이 진법을 익히기 위해 혹독했다. 전투가 없는 날에도 전선을 바다에 띄웠다. 그리고 반복했다. 부리는 방법을 연마하고 연마했다.

바람을 타고 달리는 배의 방향을 바꾸는 것은 쉬운 일이 아니었다. 한두 대도 아니고 선단을 이룬 배의 방향을 일사불란하게 바꾸는 것은 기적에 가까웠다. 배끼리 충돌이 일어날 가능성이 높았던 것이다.

그러나 장군은 끊임없이 되풀이해서 훈련을 시켰다. 진법 훈련이었다.

휘하 장수와 군졸들은 묵묵히 장군을 따랐다. 이미 치른 옥포, 합포, 적진포, 사천포, 율포 해전에서 장군은 매번 승리했던 것이다. 장수와 병사들은 장군을 신뢰했다.

장군의 뜻하는 바가 무엇인지 정확히 몰라도 이순신만 따르면 승리한다고 믿었기 때문이다. 그것은 리더에 대한 전폭적인 신뢰였다.

올바른 판단력의 소유자

　우치적, 이운룡의 전선이 장군의 눈앞을 지나가는 것이 보였다. 이순신이 탄 군함을 비롯하여 아군 전선들이 매복한 채 조용히 명령을 기다리고 있었다. 아군 전선이 지나가자 곧 적선의 선봉대가 눈앞에 나타났다. 아군을 뒤쫓던 배였다. 순간 장군은 적군에게 일어나는 동요를 보았다. 적의 선봉대는 자신들의 옆구리를 노리고 있는 조선의 군함을 보았던 것이다.

　그러나 이미 때는 늦었다. 왜군들은 조류와 바람을 탄 배를 멈출 수도 없었고, 그렇다고 돌릴 수도 없었다. 뒤따라오는 본대에 상황을 알릴 수도 없었다. 적의 선봉대는 장군의 앞을 지나갔다. 뒤이어 적의 본대가 보였다. 순간 장군은 비상한 각오로 칼을 높이 쳐들었다.

장군의 동작만을 기다리던 군사가 길게 천아성을 불었다. 거위 목을 닮은 나팔에서 긴 소리가 뿜어져 나왔다. 동시에 북소리가 둥둥 하고 울렸다. 공격 신호였다.

한산도와 미륵도에 매복해 있던 조선 수군들이 바다로 모습을 서서히 드러냈다.

앞서 퇴각하던 우치적, 이운룡 선단도 일사불란하게 뱃머리를 돌렸다. 퇴각하던 뱃머리를 돌리고 섬 그늘에 매복하던 본대가 넓게 학익진을 형성했다.

일본 함대는 꼼짝 달싹 못하고 그 진 안에 갇혔다. 한산 앞바다에 학 한 마리가 날개를 넓게 펼쳐 적선을 품에 안았던 것이다.

이 때의 전황에 대한 일본 측 기록에는 이렇게 기록되어 있다.

견내량 속으로 조선 배 4, 5척이 오는 것을 보고 철포를 쏘며 반 시간쯤 공격하자 조선 배는 조금씩 물러가는 것을 쉴 틈을 주지 않고 공격했다.

조선 배는 수로를 지나 넓은 바다에 이르자 일시에 뱃머리를 돌려 키 모양의 함대 모습을 취한 뒤 우리 배를 포위하고 들락날락 하면서 공격하니 많은 사상자가 나왔다.

이순신 장군의 학익진이 적장의 눈에는 곡식이나 일구는 키로 보았던 것이다.

장군은 서두르지 않았다. 당황한 것은 학 날개 속의 적이었다. 그들의 진용은 눈에 띄게 무디어져 갔다.

장군이 다시 칼을 높이 들었다. 순간 독선기가 휘날렸다. 동시에 대장선의 천자총통이 불을 뿜었다. 대장군전이 하늘로 솟았다.

무게 200kg, 유효사거리 1km에 이르는 대장군전은 얇은 송판으로 만든 적의 안택선에 커다란 구멍을 뚫었다.

뒤이어 조선 수군의 각 전선에서 천자총통, 지자총통, 현자총통 등 다양한 화포가 불을 내뿜었다.

동시에 궁수들은 화살을 날렸다. 화살이 넓은 그물망을 형성하며 적선의 머리위로 떨어졌다. 갇힌 적들은 피할 공간조차 없었다. 겨냥할 것도 없이 대충 살을 놓아도 화살은 적선 위로 쏟아졌다.

적들도 응시를 해왔다. 적의 주 무기는 그들이 자랑하는 조총, 그러나 조선 수군은 적의 사정거리 밖에서 화포 공격을 했다. 오로지 거북선만이 적의 선단 가운데를 휘젓고 다니며 근접 공격을 하고 있었다.

장군은 눈앞에서 벌어지는 상황을 하나도 놓치지 않고

지켜보았다. 넓은 바다로 적들을 유인한 것은 옳은 판단이었다. 바다에 빠진 적들은 거제 기지로 상륙을 하지 못했다. 거제는 너무 멀었고, 미륵도 쪽은 가파른 절벽이었다.

패잔병들이 육지에 상륙하면 조선 백성들이 큰 피해를 입는다. 그래서 장군은 이 바다에서 학익진이라는 새로운 개념의 해전을 펼친 것이다. 이전의 해전은 정박해 적선을 기습하고 물러나는 단순한 전투였다. 그러나 한산 앞바다에서 육전에서나 펼 학익진을 응용했던 것이다.

적장 와키자카는 갑옷에 화살이 꽂혀 몹시 위험했으나 노가 많은 빠른 배를 탔으므로 김해 쪽으로 도망칠 수 있었다.

그 날 일본 전선은 14척만이 돌아갔다. 59척의 적선은 끝내 학의 날개를 벗어나지 못했던 것이다. 한산 앞바다에서 대패하자 도요토미는 일본 수군에게 "조선 수군을 만나면 맞서 싸우지 말라." 내 명령을 문서로 하달하기에 이른다.

이순신의 승리의 원인은 이순신 장군이 끊임없이 작전을 연구한 다음 그 작전을 군사들에게 훈련시켰으며, 또한 거북선이라는 신무기를 개발했기 때문이다. 무엇보다도 이순신 스스로가 병법에도 통달했기 때문이다.

최악의 경우를 고려한 작전 수립

부산포는 일본 침략군의 교두보로서 일본으로부터 수송되어 오는 모든 병력과 군수물자는 이곳을 거쳐 내륙으로 수송되었다.

이순신은 1차 출동 때부터 전략 요충지인 부산포 공격을 계획하고 있었다.

그러나 부산포에 이르는 연안의 완전한 제해권이 없이 부산을 공격하는 것은 모험에 가까웠다.

이순신의 작전은 때로는 지나치게 신중을 기하는 듯한 인상을 주기까지 하였으나 완전한 승산이 서기 전에는 절대로 적을 공격하지 않으며, 승전이 확실할 때라도 항상 최악의 경우를 고려하였다. 그러나 일단 작전이 확립되면 철저하고도 강력한 공격으로 백전백승의 전투를 수행하였다.

3차 출동의 결과 가덕도 이서의 제해권을 완전히 장악하였으므로 이순신은 부산포 공격의 결단을 내렸다. 이제는 '오는 적'에게만 타격을 가하는 것이 아니라, 적 수군의 본거지를 소탕하는 적극 공세로 전환하기로 한 것이다.

　전라좌·우도의 전선 74척, 협선 92척은 8월 24일 좌수영을 떠나 거제를 지나 가덕도 근해에서 밤을 지냈다. 부산포는 적의 중심거지였기 때문에 이순신도 신중에 신중을 기하였다. 그는 조선 수군의 운명을 건 대결전을 앞두고 이틀이나 계속 꿈을 꾸며 잠을 이루지 못했다.

　공격 전날은 밤을 새우며 원균, 이억기와 함께 작전 회의를 가졌다. 9월 1일 절영도에서 수척의 왜선을 격파하고 척후선을 부산포에 보내어 적정을 탐색케 하였다. 선 약 5백 척이 선창 동쪽 산록 해안에 줄지어 정박하고 있고 대선 4척이 초량 쪽으로 나오고 있다는 보고였다.

　왜군은 조선 수군의 습격을 예상하고 부산포를 요새화하였으므로 적을 공격하려면 조선 수군에게도 상당한 피해가 있을 것을 각오해야 했다. 여러 장수들도 부산에 깊이 들어가 공격하는 것을 주저하였다. 그러나 이순신은 다시 원균, 이억기에게 단호하게 명령하였다.

　"현재 우리 수군의 위력을 가지고도 만약 적을 치지 않고 돌아가면 적이 우리를 멸시할 것이다."

그리고는 독전기를 높이 올리도록 하였다.

우부장 정운, 귀선돌격장 이언량, 전부장 이순신, 중위장 권준, 좌부장 신호가 선두에 서서 먼저 바다로 나오는 왜 대선 4척을 쳐부수고 불질렀다. 뒤에 있던 여러 전선도 이 때를 타서 기를 올리고 북을 치며 장사진으로 돌진하였다. 부산포 동쪽에 3진으로 나뉘어 정박중이던 왜 수군의 대·중·소선 470여 척은 조선 수군의 위용에 눌려 나오지 못하고 있었다. 조선 전함이 쳐들어가자 배 안, 성 안, 굴속에 있던 왜군은 모두 산으로 올라가 여러 곳에 진을 치고 내려다보며 총통과 화전을 쏘았다. 조선 전선에도 적의 총탄과 화살이 비 오듯 떨어졌다.

부산해전에서는 30여 명의 사상자를 냈다. 그 중에서도 접전마다 앞장을 섰던 녹도만호 정운의 전사는 이순신으로서는 가장 슬픈 일이었다.

그러나 왜 수군은 이 부산포해전에서 궤멸되어 이후 수군을 이용한 서진을 완전히 포기하게 되었다. 또한 이때부터 완전한 방어 체제로 들어가 조선 수군과의 전투는 극력 회피하였다.

이제 왜 침략군 전체는 일본으로부터의 보급로를 차단당

할 위기에 처하고 있었다.

　게다가 조선의 청야책으로 보급품의 현지 조달마저 쉽지 않았다. 전군의 후퇴를 고려하지 않을 수 없었다.

유비무환의 자세를 갖춘 리더

리더십은 지도자와 추종자들이
어떤 구체적인 상황에서
가지게 되는 역동적인 관계이다.

농민을 생각하다

한산대첩과 부산포대첩으로 남해안의 제해권을 장악한 이순신은 군비를 점검하는 한편 임금이 피난하고 있는 의주로 종이, 곡식과 화살에 쓸 댓가지를 보내기도 하였다.

그리고 왜군과의 전투가 없었던 겨울에는 전선과 무기를 제조하고, 둔전을 경영하여 군량을 확보하는 한편, 수군의 보충에 힘을 기울였다.

해가 바뀌어 계사년(1593년) 정월이 되자 전쟁은 새로운 국면에 접어들게 되었다. 정월 8일부터 원군으로 참전한 명나라의 도독 이여송이 4만3천의 군사를 이끌고 평양을 공격하기 시작했기 때문이다.

평양성의 탈환에 성공하자 조정에서는 이순신에게도 육지의 군대와 힘을 합하여 적의 귀로를 차단하고 후퇴하는 왜적을 섬멸하라는 명령을 내렸다.

이즈음 왜군은 웅포를 중심으로 안골포·제포·원포와 거제도의 장문포·영등포, 천성·가덕 등지에 성을 쌓고 요새화하여 어느 한 곳이 공격당하면 서로 유기적으로 지원하고 방어할 수 있는 체제를 갖추고 있었다.

이순신은 조정의 명령을 받고 수륙 합동작전으로 웅천 지역의 왜군을 섬멸하기 위해서 두 달여 동안 해상에 대한 수색을 폈다. 그러나 육상에서의 지원이 이루어지지 못하자 이순신은 4월 3일을 기하여 작전을 끝내고 여수로 회항하였다.

오랫동안의 해상 생활로 군사들의 노고가 심하였고, 이들은 모두 농민이었기 때문에 농번기를 맞이하여 농사를 전폐한 채 더 이상 작전을 수행할 수 없었던 것이다.

5월이 되자 이순신은 '수군을 정비하여 들어오는 왜적을 차단하여 상륙하지 못하게 하라'는 조정의 지시를 받고 다시 출전하게 되었다.

이즈음 이순신 휘하에는 전선 42척, 척후선 52척이 있었고 전라우수사 이억기는 전선 54척, 척후선 54척으로 총 202척에 이를 정도로 전력이 크게 증강되어 있었다.

그러나 이와는 반대로 경상우수사 원균과의 불화는 골이

깊어지고 원군으로 참전한 명군의 작전 지휘권에 대한 간섭은 이순신의 활동에 제약을 가하였다.

게다가 왜군은 부산을 중심으로 서쪽으로는 거제도에 이르기까지 연안에 강력한 진지를 구축한 채 조선 수군과의 교전은 극력 회피하고 있었다.

따라서 이번의 출동은 성과가 부진할 수밖에 없었다.

새로운 결단을 내리다

　이순신에게는 새로운 단안을 내려야 할 시기가 되었던 것이다. 그는 7월 14일 한산도의 두을포로 진을 옮겼다. 이순신은 이곳에 전진기지를 건설하여 지금까지 원거리에서 출정하여 근거지없이 장기간 작전을 수행해야 하는 애로를 해결하고자 했다. 이순신은 7월 17일 장계를 올려 한산도로 진을 옮기는 이점과 각오를 다음과 같이 밝혔다.

　신의 생각으로는 요로를 고수하여 편안히 있다가 피로한 적을 기다려 먼저 선봉을 깨뜨리면 비록 만백의 대적이라도 기운을 잃고 마음이 꺾여서 도망하기에 바쁠 것이라고 생각합니다.
　더구나 한산일해는 작년에 대적이 섬멸당한 곳이므로 이

곳에 주둔하고 적의 동태를 기다려 동심협공하기로 결사서
약하였습니다.

　다음달 8월 조정에서는 그간의 전공과 수군 명령 체계
의 원활한 운용을 위해 이순신을 삼도수군통제사에 임명
하였다.

　그간 10여 차례에 걸친 해상에서의 전투에서 이순신이
거느린 함대가 주력을 이루고 그의 작전에 의해 승리를
거두기는 했으나 각도의 수군을 통합하여 지휘할 수는 없
었다.

　함대는 연합함대인데 실제는 각자가 거느린 함대를 지휘
하는 비효율 속에서 전투를 치르고 있었다.

　게다가 전쟁은 소강상태 속에서 왜군은 전투를 회피하고
있었기 때문에 장기적이고 전체적인 맥락 아래 군사를 지
휘하고 작전을 수행할 책임자가 절실히 필요했다.

　그래서 조정에서는 충청도·전라도·경상도의 수군을
총지휘할 '삼도수군통제사'라는 새로운 직책을 만들고 이순
신으로 하여금 '전라좌도 수군절도사 겸 삼도수군통제사'가
되도록 했고 한산도는 삼도수군통제영이 되었다.

　조령에서 8월 1일 발령하여 10일 이순신이 접수한 교서

에는 이순신의 임무와 군법을 다음과 같이 적었다.

(왜적들이) 부산에서 창과 칼들은 거두어 겉으로는 철병할 뜻이 있는 것처럼 보이지만 사실은 군량을 바다로 운반하여 마음속으로는 다시 일어날 꾀를 가진 듯한데, 이에 맞추어 대책을 세우기란 지난번보다 더욱 어려운 일이므로 그대를 기용하여 본직(전라우수사)에다 전라·충청·경상 3도수군통제사를 겸하게 한다.

아아, 위엄이 사랑을 이겨야만 진실로 성공할 것이며 공로는 제 뜻대로 해야만 이룩할 수 있을 것이로다.

수사 이하 명령을 받들지 않는 자는 그대로 군법대로 시행할 것이며, 부하 중에서 둔한 자는 그대가 충효로서 책려할지로다.

피난민은 이곳에 모였고 외딴섬이던 한산섬은 바다의 요새지가 되고 조병창이 되었다. 조선 전체로 보아서는 영의정 유성룡이 중앙에서 비변사를 통하여 전체적인 작전을 수립하고, 현지에서는 도체찰사 이원익이 대민업무와 군대의 후원을 담당하는 한편, 육군은 도원수 권율이, 수군은 통제사 이순신이 지휘하는 체제를 갖추게 되었다.

이순신이 통제사가 된 후의 진중생활에 대해 행록에서는
다음과 같이 적고 있다.

공은 진중에 있는 동안 여자를 가까이 하지 않았으며
매일 밤 잘 때도 띠를 풀지 않았다. 그리고 겨우 한두 잠
을 자고 나서는 사람들을 불러들여 날이 샐 때까지 의논
하였다.

또 먹는 것이라고는 조석 대여섯 홉뿐이라 보는 사람들
은 공이 먹는 것 없이 일에 분주한 것을 크게 걱정하는
것이었다.

공은 정신은 보통 사람보다 갑절이나 더 강하여 이따금
손님과 함께 밤중에 이르기까지 술을 마시고도 닭이 울면
반드시 촛불을 밝히고 혼자 일어나 혹은 문서를 보고, 혹은
전술을 강론하였다.

이 때부터 전투는 소강상태를 유지한 채 긴 대치가 시작
되었다.

유사시를 대비하다

한산도는 본영이기는 했지만 왜군의 전진기지와는 너무도 가까운 거리여서 한시도 방심할 수 없이 경계를 펴야 했다. 따라서 이순신은 적의 동태를 살피는 것을 우선하였다.

수시로 척후선을 띄우기도 하였으며 곳곳에 망루를 세워 감시하였고 부산까지 이르는 연안지역의 주민들로부터 왜군에 대한 정보를 수집하였다.

그리고는 이를 바탕으로 해상작전을 위해 약속된 일시에 휘하 장수들이 모이는 훈련을 끊임없이 시행하였다.

작전을 제대로 수행하지 못한 장수와 현령들과 도망간 군졸들은 죄를 주어 전투 없이 장기간 대치하는 동안 해이해진 군기를 단속하는 일에도 철저하였다.

그러나 처벌만 능사로 삼은 것은 아니었다. 시시때때로

술을 내어 취하도록 먹였으며, 공이 있는 사람은 보고를 올려 상을 받을 수 있도록 주선하였다. 이순신은 한산도에 '계획을 수립하고 운영하는 집무실'인 운주당을 세우고 유사시에 대비하여 수군 전력을 근본적으로 강화하는 노력을 기울였다.

첫 번째는 무기를 개량하는 일이었다.

특히 왜군으로부터 노획한 조총의 구조와 성능을 분석하여 정철총통을 완성하였다.

이 총통은 왜군의 조총보다도 오히려 뛰어난 성능을 가진 것으로 임금에게 직접 올려 보내기도 했으며 순찰사·병마사들에게도 설계도를 그려 보내 제작할 수 있도록 하였다. 염초를 얻어 화약을 만드는 일에도 열심이었다.

한편 전선을 수리하고 새로운 전선의 건조에도 힘을 기울여 1593년(선조 26년) 11월까지 자신의 관할인 전라좌도에서 60척, 전라우도에서 90척, 충청도에서 60척, 경상도에서 40척 등 총 250척의 전선을 만들고 동수의 사후선도 건조하였다.

대장질로 조총보다 우수한 총통을 만들어냈던 낙안의 수군 이필종, 태귀련, 이무생과 수군역을 지고 있던 사노들에게는 환도를 만들도록 하여 충청수사 등 막하장에게 나누어주고 왜군섬멸의 의지를 다지게 했다.

두 번째는 다수의 수군을 장기간 주둔시키고 피난한 백성들을 구제하기 위한 식량을 확보하는 것이었다.

이순신은 장계를 올려 조정의 허락을 받은 후 전라우도의 강진 고이도(고금도), 해남 황원목장(황산면), 여수 돌산도 등지에 둔전을 설치하였다.

그리고 겨울에는 청어를 잡고, 소금을 굽고, 질그릇을 만들어 민간의 곡식과 바꾸어 군량을 보충하기도 하였다. 조선 수군은 한편으로 훈련과 전투에 임하면서 한편으로는 군량을 스스로 확보하게 되었던 것이다.

세 번째로는 안정적으로 수군을 확보하는 일이었다.

새로 건조한 전선이 대폭 늘어나자 이 배에 탈 군사뿐만 아니라 배를 부릴 사부·격군 등도 늘어나야 했다.

그러나 조선 수군은 돌림병 속에서 많은 수가 죽어가고 있었고, 고된 수상생활을 견디지 못하고 있었다. 또한 수군의 군역을 부담한 연해민들도 내륙으로 도망하고 이사하여 육군에 편입되는 사람이 속출하고 있었다.

이순신은 여러 차례 징계를 올려 이들을 수군에 전속시키기를 건의하였고, 이들을 모아 둔전을 경작하도록 하였다.

이순신은 한산도 경영에 힘쓰는 한편 선조 26년 12월부

터 한 달간 관하의 진영을 순찰하고자 여수·순천·흥양·
보성·광양·낙안 등지를 둘러보았다.

그리고 이 순시가 거의 끝나는 1월 11일에는 여천의 고
음천으로 어머니를 뵈러 가기도 하였다. 그의 어머니는 임
진왜란이 발발하자 이순신의 청으로 이곳에서 피난살이를
하고 있었으며 79세의 노령이었다.

이순신은 평소 편지를 수시로 보내 안부를 여쭈었으나
자주 뵙지 못하는 것을 안타깝게 생각하고 있었다.

어머니는 이순신이 하직을 고하자 "잘 가거라. 가서 나라
의 수치를 크게 갚으라." 하고 격려하신 올곧은 분이셨다.
1596년 10월 이순신은 어머니를 한산도로 모시고 와 수연
을 베풀었다.

그러나 그 이후 다시는 살아서 어머니를 뵙지 못하였다.
다음해 4월 옥에 갇혔다가 나왔을 때 이미 어머니는 이세
상 사람이 아니었던 까닭이다.

하여튼 이순신에게 있어서 한산도에서의 시절은 굴곡이
많았던 그의 전생애를 돌이켜볼 때 한편으로는 여수 부근
에 계신 어머니를 찾아뵙고 부인과 조카들을 걱정하며 점
도 치고 꿈도 꾸는 등 전란중에 보낸 가장 행복한 시간이
었다.

<난중일기>에 '아침에 흰 머리카락 10여 개를 뽑았다. 흰머리가 싫어서가 아니라 위에 늙은 어머니가 계신 까닭이다. 종일토록 앉아 있었다.'고 적었다. 그 때 나이 49세였다.

왜군과의 전투가 소강상태로 접어들었을 때도 이순신은 한산도를 중심으로 항상 50여 척의 전선이 사변에 대비하는 체제를 이루었다. 또한 거북선도 지속적으로 개량하여 성능을 향상시켰다.

탁상공론만 일삼는 사람들과의 갈등

한편 선조는 한산도 통제영으로 본영을 옮긴 직후부터 전쟁의 소강상태 속에서도 수군에 거는 기대는 매우 컸다. 조선 수군이 초기에 해전에서 매번 승전해왔으므로, 기동하여 공격만 하면 이길 줄로 알고 있었고, 상황이 불리하더라도 왜군을 계속 견제할 수 있을 것으로 생각했다.

따라서 선조의 의도와는 달리 방어에 주력하면서 군비의 확충에만 힘을 기울이고 있던 이순신으로서는 이러한 기대가 매우 부담스러웠다.

게다가 1593년(선조 26년) 8월부터 명나라의 경략 유정은 강화회담을 진행하기 위해 왜적을 치지 말도록 압력을 넣었고, 다음해 3월에 이르러서는 명나라의 도사 담종인이 금토패문을 보내 왜군이 있는 수역에서 물러나기를 강요하는 상황이었다.

이순신으로서는 참으로 원통한 지경이었다. 그는 꿈속에서도 왜군을 무찔러야 한다는 사명감을 가지고 있었고 한편으로는 중압감에 시달리고 있었다.

1594년 9월 20일
홀로 앉아 긴 밤의 꿈을 생각해 보니, 바다 가운데 외딴 섬이 달려오다가 눈앞에 와서 주춤 섰는데, 소리가 우레 같아 사방에서는 모두들 놀라 달아나고, 나만은 우뚝 서서 끝내 그것을 구경하니, 참으로 장쾌하였다. 이 징조는 곧 왜놈이 화친을 애걸하고 스스로 멸망할 징조다.

1594년 10월 14일
새벽꿈에, 왜적들이 항복하여 육혈포 다섯 자루를 바치고, 환도도 바치며, 말을 전하는 자는 김서신이라고 하는데, 왜놈들의 항복을 모두 받아들이기로 하였다.

1596년 7월 10일
새벽꿈에 어떤 사람이 화살을 멀리 쏘는 것이었고, 또 어떤 사람이 갓을 발로 차서 부수는 것이었다. 스스로 점을 쳐보니 화살을 멀리 쏘는 것은 적들이 멀리 도망하는 것이요, 또 갓을 발로 차서 부수는 것은 머리 위에 있는 갓이 발길에 걸어차이는 것으로 적의 괴수를 모조리 잡아 없앨 징조라 하겠다.

왜적 한 놈만 놓쳐도 일기에 '원통하고 분하다, 원통하고 분하다.'라고 거듭 기록하고 있던 이순신이었다. 왜적을 잡기 바라는 선조와 토벌을 금지하는 명군 사이에서 이순신은 많은 갈등을 겪어야 했다.

원균과의 반목은 정도를 넘어서고 있었다. 원균은 사사건건의 시비뿐만 아니라 전략의 수립과 작전 실행에 이르기까지 독자적인 행동을 취하고 있었다. 심지어는 조정에 자신의 주장을 직접 보고하는 일도 일어났다.

이순신은 그 동안 해상에서 고생하고 있는 그 자체가 더 허탈했고, 그래서 마음이 어지러워 잠을 제대로 이루지 못했을 것이다.

선조는 노골적으로 이순신에 대하여 불만을 토로하기 시작하였다. "이순신이 처음에는 힘써 싸웠는데, 그 뒤로는 흩어진 적군까지도 부지런히 잡지 않을 뿐더러, 또한 군사를 끌고 나가 적을 무찌르는 일이 없기 때문에, 내가 늘 의

심스럽게 생각한다. 또 세자가 남쪽에 내려갔을 적에 여러 번 사람을 시켜 불러도 오지 않았다."는 것이다.

선조가 바라는 것은 '군사를 끌고 나가 적을 무찌르는 일'이었는데 이것은 굳이 싸우라는 것이기보다는 '위세를 보이는 기동'이라도 계속하여 성과를 내라는 것이라고 할 수 있다.

이러한 행동을 보이지 않는 이순신에 대하여 선조는 책망과 함께 출전을 종용하였다. 현지의 사정을 고려하지 못한 탁상공론의 결과였다.

조정의 지시 속에서 이순신은 거제도 장문포로 출동하였다.

9월 29일부터 10월 8일까지 9일 동안 흉도-장문포-칠천량 외줄포-장문포-흉도-한산도를 왕래하면서 일방적 공격을 감행하였다. 이순신이 인솔한 함대는 비록 열세였지만, 위력을 과시하여 적의 행동을 저지하는 전략이 아니라, 적극적 공세를 수행하는 것이었다.

그런데 왜군은 좀처럼 나와서 싸우려 하지 않아 전과를 거두지 못했다. 특히 10월 4일에는 곽재우·김덕령과 약속하여 수륙합동작전을 시도했지만, 이 또한 왜군이 싸움에 응하지 않아 성과를 거두지 못했다.

임진왜란 초기 왜군은 육군 위주의 공격전략(1592년 4월 13일~6월 10일)에서 견내량해전을 기점으로 조선수군 섬멸작전(1592년 6월 19일~7월 10일)을 실시했다가 그것마저 실패하게 되자, 그 뒤로는 해군 위주의 전략으로 바꾸기 위하여 연안에 성을 쌓고 방어 전략으로 전환했다고 보아야 할 것이다.

이 이후로 우리 남해 연안에는 왜성이 엄청나게 많이 만들어지게 된 것이다.

한편 명의 심유경과 일본의 고시니 사이에서는 1592년 10월 20일부터 평양에서 강회담판이 이루어지고 있었다. 이런 과정에서 왜군은 거제도에서 철수하였다.

<난중일기>에 의하면 1595년 7월 18일에 거제도 장문포에서 철수했고, 9월 3일에는 영등포의 왜적이 완전히 철수함으로써 거제도에는 왜적이 하나도 없게 되었다.

그런데 1596년 9월에 강화회담이 결렬되자, 1597년 1월부터 일본의 대군이 다시 조선에 밀려 왔다. 이런 과정에서 심유경은 허위로 진행되었던 강화회담이 탄로날까 봐 부산

왜영으로 도망치다 장수 양원에게 붙잡혀(1597년 6월 18일) 명나라로 호송되어 처형당하기도 했다.

장문포해전의 실패로 이를 주동했던 좌의정 겸 도체찰사 윤두수는 삼사로부터 탄핵을 받아 마침내 1594년 11월 파면됨으로써 마무리지어졌다.

그러나 군사들을 끌고 나가 적을 무찌르는 전략은 그 뒤로도 계속되었다. 그리고 선조는 이순신이 자신의 이러한 작전을 진행시키지 않자 원균과 교체할 구실을 찾고 있었다.

선조는 통제사 이순신이 왜적을 계속 공격하여 전과를 보고해줄 것을 바랐던 것이다.

그런데 전과를 올리려면 나가 싸워야 함에도 싸움이 없었다. 이런 가운데 조정에서는 일본에 다녀온 황신의 정보에 따라 도원수 권율을 한산도로 보내서 이순신으로 하여금 일본에서 출발하는 가등청정의 함대를 요격하도록 출동 명령을 내렸다.

그러나 이순신은 조정의 명령을 따르면서도 해도가 험난하고 왜 수군의 복병 기습의 계략을 경계하여 신중한 군사 작전을 모색하였다.

이에 대해 조정은 이순신이 명령을 어기고 왜 함대를 요격할 수 있는 기회를 놓쳤다고 보았다.

　그리고 이 이유를 내세워 수군통제사를 박탈하고 투옥시키는 조치를 내리게 되는 것은 잘 알려진 사실이다. 일본군의 첩자인 요시라의 반간계에 말려든 순간이었다.

신상필벌의 원칙을 고수하다

　　이순신은 조정에 보고하여 자신의 부하에 대해 반드시 공 있는 사람들에게는 상을 주고 잘못한 사람들에게는 반드시 벌을 내리도록 요청하였다.

　　특히 많은 해전을 치르면서 '적의 머리 한 개를 베기보다는 한 대의 화살이라도 더 쏘아 많은 적을 거꾸러뜨리기'를 강조하는 한편, 조정에는 장황하고 지루할 정도로 부하들의 공을 보고하여 상을 청하고 있다.

　　그런데 이 때 상은 주로 막하 장수에게 돌아가고 병사들에게는 많은 상이 나눠지지 못했다.

　　계사년(1593년) 11월 23일, 왕세자 광해군이 전주에서 제2차 분조인 무군사 활동을 하면서 12월 27일 무과 시험을 전주에서 시행한다는 공문이 도착하자 통제사 이순신은 이

기회를 휘하 병사들의 발탁의 좋은 기회로 생각했다.

이순신은 곧 부하들이 전주까지 가서 응시하기에는 시간이 너무 촉박하므로 한산도에서 말을 타면서 활 쏘는 대신 편전을 쏘는 것으로 무과 시험을 볼 수 있도록 해달라고 11월 29일 장계를 올렸다.

조정에서는 수군이 여러 해 동안 수고했는데도 별다른 포상이 없었다고 하면서 통제사의 의도대로 1백 명을 선발하도록 갑오년(1594년) 2월 7일 재가했다.

이에 따라 이순신은 4월 6일 도원수 권율이 추천한 삼가 현감 고상안과 장흥부사 황세득, 고성현감 조응도, 웅천현감 이운룡 등을 참시관으로 삼고, 전라우수사 이억기, 충청수사 구사직, 이순신이 시험관이 되어 철전과 편전을 시험 과목으로 하고 1백 명을 선발하였다.

고금도의 경영

1597년 9월 13척의 전선으로 경상도에서 전라도로 서진하는 130여 척의 왜 수군을 전라우수영 울돌목에서 섬멸한 후 조선수군은 재건되어 그 위세를 떨치게 되었다.

그 후 이순신은 보화도에 본영을 설치하여 정유년 겨울을 지내고 다음해 선조 31년 2월 17일 고금도로 진을 옮겼다. 이후 고금도는 전쟁이 끝날 때까지 수군의 대본영이 되었던 것이다.

임진왜란 최후의 수군통제영인 고금도는 그 전의 한산도 때와는 다른 정세하에 있었다. 한산도 통제영 때 왜 수군은 연전연패한 데다가 도요토미가 조선 수군과는 정면 전투를 피하라는 명령도 있었고 해서 겁을 먹고 감히 도전을 하지 못했다.

그러나 정유재란이 일어나 왜 육병은 전라도로 침공하고 순천 예교에는 소서행장이 성을 쌓고 주둔하고 있었으며, 왜 수군들도 도발해오곤 하였다. 육지에서 예교의 왜군을 공격해야 할 명나라 유정제독은 싸울 생각을 하지 않기 때문에 수륙 양면작전을 펼 수 없었다.

또 오만한 진린도독이 인솔하는 명나라 수군이 같은 고금도에 주둔하여 국제 문제가 일어났다. 모여드는 피난민과 군량의 문제도 있었다. 이 난제를 어떻게 해결하는가는 통제사 이순신의 지휘 능력과 고금도 주민의 인심과 협력에 있었던 것이다.

이것이 보화도에서 고금도로 진을 옮기는 이유였다. 즉 적이 준동하는 지역으로 이진하여 적을 제압하고자 하였기 때문이다.

그러므로 고금도 통제영은 조선 수군의 전진기지였던 것이다. 이순신은 앞의 서장에서 계속하여 고금도 이진에 대하여 "2월 16일에 여러 장수를 거느리고 보화도에서 배를 띄워 17일에 강진 지경 고금도로 이진하였습니다."라고 하였다.

이순신은 경상도, 전라도의 해로와 연해안의 지세를 직접 살폈고, 이 지역 지리에 정통하고 있었다.

그 한 예로서 가리포의 군사적 지세에 대해서 "망대에 오르니 좌우로 적들이 다니는 길과 섬들을 역력히 헤아릴 수 있었다. 참으로 일도의 요충지이다. 그러나 형세가 극히 외롭고 위태롭다."라고 평가하기도 하였다. 이순신이 '고금도의 지세와 형세가 한산도보다 배나 뛰어난 곳'이라고 하였으니 실로 고금도는 남해에서 가장 으뜸가는 수군 요새지였던 것이다.

고금도로 진을 옮긴 다음날 이 통제사는 연암에 있는 친척 감역 현건에게 편지를 띄웠다.

어제 막 이 곳에 대었습니다. 계신 고을과는 그리 멀지 않아, 혹시 소식을 들을 길도 있으려니 했더니만 마침 먼저 보내주신 안부의 글을 받았습니다. 저는 진중에 오랫동안 있어 수염과 머리가 모두 희어져서 다음날 서로 만나면 전일의 나로는 알아보지 못할 것입니다.

어제 진을 고금도로 옮겼는데 순천의 왜적과는 백 리 사이의 진이라 걱정스런 형상이야 무어라 다 적을 수 없습니다.

이순신은 말이 적고 잘 웃지 않는 사람이었고 용모는 단아하고 도를 닦고 근신하는 선비와 같았으나 속으로는 담기가 있었다.

임진왜란이 일어난 다음해(선조 26년) 이 충무공이 49세 때에 그의 머리에는 흰머리털이 열몇 오라기밖에 없었는데 5년 후 고금도에 이르렀을 때는 흰 수염에 머리는 온통 백발이었다.

전투에서는 용맹스런 장군이었으니 밤에도 진중에서 갑옷을 벗지 않았다. 전쟁중에 적탄을 맞아 고생하여 식은땀을 흘리는 등 몸은 많이 쇠약해졌다.

밤낮을 가리지 않고 전략을 세우고 죽음을 눈앞에 둔 싸움을 치르는 동안 그는 백발이 되었다. 54세의 백발인 이 통제사는 고금도에서 최후로 나라와 백성을 위해 모든 힘을 다하여 계획을 세우고 실천하였던 것이다.

갑작스레 섬 전체가 조선소와 군수공장이 되고 큰 미곡창고가 되었다. 사람들이 모여들어 섬이 넘칠 지경이며 이들은 장사를 하여 생활을 꾸려나가기도 하였다. 고금도는 임진왜란 중 성시를 이루었다.

그러므로 이분은 "고금도의 인구는 수만 가에 이르고

군대의 위세의 장함은 한산도진의 10배가 되었다."라고
하였다.

절망에서도 포기하지 않은 리더

리더십이란 용기 있는 행위이다.
용기 없이는 지도자가 될 수 없다.

절망에서도 좌절하지 않았다

이순신에 연전연패한 일본은 전선의 부족으로 본국으로 부터 군비 조달이 어려워지고 수륙병진책도 추진할 수 없었다.

또한 의병 활동과 명나라의 참전으로 육지에서의 전쟁도 일진일퇴를 거듭하게 되자 일본은 명나라와 지루한 종전 협상을 벌이게 된다.

이에 따라 전쟁이 소강상태에 빠지자 선조는 일부 사람들의 모함과 일본 간첩 요시라의 간계에 넘어가 1597년 2월 26일, 이순신을 함거에 가두어 한양으로 압송했다.

한 달여 후인 4월 1일 가까스로 석방된 장군은 도원수 권율의 휘하에 부하로 근무하라는 명을 받는다. 당시 장군은 장군이 아니었다. 그는 일개 군졸로 싸움터에 나가야 했다.

한양을 떠난 장군은 아들이 붙들려 갔다는 소식을 듣고 순천에서 배로 오다가 세상을 떠난 어머니의 장례도 죄인이란 신분 때문에 못 치러드린 죄책감을 품고 아산, 순천, 구례, 하동, 삼가를 거쳐 합천 땅 초계에 도착해 있었다.

석방된 지 약 3개월 후인 7월 18일, 장군은 그곳에서 통한의 소식을 들어야 했다. 원균의 조선 수군이 칠천량 해전에서 전멸하다시피 패했다는 비보였다. "통곡함을 참지 못했다."라고 장군은 그때의 심경을 토로했다. 도원수 권율이 장군에게 대비책을 물었다. 장군은 9명의 군관만을 대동하고 곧 길을 나섰다. 자신이 직접 현장을 보고 결정하자고 한 것이다.

그 때 장군의 마음은 매우 급했다. 억수 같은 비를 무릅쓰고 7월 21일까지 4일간 삼가, 단성, 곤양을 거쳐 노량까지 꼬불꼬불한 당시의 길로 200km 이상을 다닌 것이다. 장군의 머릿속에는 오직 하나의 생각뿐. 어떻게 할 것인가? 조선 수군을 어떻게 수습할 것인가? 무엇으로 수습할 것인가? 조선 수군이 없다면 이 전쟁은 끝난 것이나 다름없다. 이제 왜적은 서해를 타고 곧장 북상할 것이다.

영산강, 만경강을 통해 조선의 곡창 호남 땅을 유린할 것이다. 금강을 타고 올라 백제의 옛터를 노략질할 것이며 한강을 타고 올라 곧장 조선의 종묘사직에 그 더러운 칼끝을 갖다 댈 것이다.

이순신의 마음은 급하고 바쁘건만, 지금 그가 가진 것은 아무것도 없었다.

이순신은 무엇보다도 먼저 절망에서 일어서기 위해 대장정의 길을 택했다. 폐허가 된 산하에 조금이라도 희망의 씨앗을 찾기 위해서이다.

다시 일어섰다

당시 장군만큼 바쁜 발걸음이 또 있었다. 한양에서 장군을 찾아 내려오던 선전관 양호였다. 그는 장군에게 전할 교지를 갖고 있었다. 장군을 다시 삼도수군통제사로 임명하는 교지였다. 한시라도 빨리 전달해야 했다.

나라의 명운이 걸려 있다고 그제야 조선 조정은 호들갑을 떨고 있었다. 1597년 8월 3일, 마침내 교지는 장군에게 전달되었다.

장군은 진주 인근의 운곡(수곡면 원계마을)에 위치한 손경례의 집 마당에 거적을 깔고 네 번 절하고 교지를 받는다.

교지의 내용은 다음과 같다.

짐은 이와 같이 이르노라. 어허, 나라가 의지하여 보장을 삼는 것은 오직 수군뿐인데, 하늘이 아직도 화를 거두지 않아…… 3도 수군이 한 번 싸움에 모두 없어지니 근해의 성읍을 누가 지키며, 한산진을 이미 잃었으니 적이 무엇을 꺼릴 것이랴?

생각하건대, 그대는 일찍이 수사 책임을 맡던 그 날 이름이 났고, 또 임진년 승첩이 있은 뒤부터 업적을 크게 떨쳐 변방 군사들이 만리장성처럼 든든히 믿었는데, 지난 번 그대의 직함을 갈고 그대로 하여금 백의종군하도록 했던 것은, 역시 사람의 모책이 어질지 못함에서 생긴 일이었거니와, 오늘 이와 같이 패전의 욕됨을 당하게 되니, 무슨 할 말이 있으리오. 무슨 할 말이 있으리오.

이제, 특별히 그대를 상복 입은 그대로 기용하는 것이며, 또한 그대를 백의에서 뽑아내어 다시 옛날같이 전라좌수사 겸 충청·전라·경상 3도 수군통제사로 임명하노니…….

그러나 장군은 빈손이었다. 세계 역사상 가장 단출한 해령 사령관이 된 것이다. 배도 없고 군사도 없는 8월 5일 이순신은 구례를 출발해 압록강원에서 점심을 지어먹은 후 오후에 곡성읍성에 도착했다. 백성들이 피난을 가서 읍성의 안팎은 텅 비어 있었다.

아침 일찍 곡성읍성을 떠난 장군이 곡성군 옥과면에 다다르니 5리 밖까지 사람들이 나와서 환영해 주었다. 또한 순천 쪽으로 가던 피난민들이 이순신을 보자 소리 내어 곡을 하며 "장군이 다시 오시니 우리들은 이제 살게 되었다."고 모여들었다.

이순신 함대의 거북선 돌격장으로 맹활약하던 이기남도 "앞으로 어떤 구덩이에 쓰러져 죽을지 모르겠다."라고 한탄했었지만 순천에서 이순신을 찾아와 스스로 장군을 따라나섰다. 의병장으로 활동하던 정사준 형제와 군관들도 장군의 대열에 합류했다.

아침 일찍 옥과를 떠난 장군은 드디어 바다 쪽으로 길을 잡았다. 장군이 옥과에서 석곡강정(곡성군 석곡면)으로 가는 도중에 전라병사의 패잔병들이 줄지어 지나갔다. 장군은 이들로부터 군마와 활, 화살 등 각종 무기를 얻었다. 이때 이순신 대열에 합류한 군사들도 적지 않았다.

장군은 군량미를 확보하기 위해 큰 미곡창고가 있는 부유창에 빨리 도착하기 위해 새벽에 석곡강정을 떠났다.

그러나 안타깝게도 부유창에 도착하니 창고는 불타 버린 후였다. 그러나 그곳에서 3명의 장수가 이순신 대열에 합류했다.

같은 날 해질 무렵에 장군은 순천부에 도착해 창고에 남아 있던 무기와 군량미를 확보했다.

웬만한 사람 같으면 자포자기했겠지만 이순신은 오로지 나라를 생각하는 일념으로 묵묵히 참고 기회를 기다렸다.

민심을 얻은 리더

정해진 목표를 열정적으로
추구하도록 타인을 설득하는
능력이 곧 리더십이다.

민심은 천심

1597년 8월 9일 양력으로 9월 19일, 장군은 이곳 낙안에 도착했다. 옥과에서와 같이 백성들은 5리 밖까지 나와 장군을 맞이했다.

그러나 낙안과 관청과 창고는 모두 불타고 없었다. 당시의 지역 책임자가 미리 겁을 먹고 불을 지르고 달아나 버렸던 것이다.

낙안을 떠난 장군은 벌교를 거쳐 초저녁에 국가의 양곡을 보관하는 조양창에 도착했다. 창고를 지키는 사람은 없었다.

그러나 다행히 창고는 봉인된 채로 무사해 많은 군량을 확보할 수 있었다. 8월 14일 장군은 무기와 군량을 확보하기 위해 보성으로 길을 잡았다.

장군은 길을 재촉했다. 장군은 8월 17일 12척의 배를 인수하기 위해 보성을 출발, 군영구미로 향했다.

그러나 경상우수사 배설은 군영구미로 배를 보내라는 장군의 명령을 어겼으므로 장군은 부득이 가야 할 방향과는 반대로, 배가 있는 회령포까지 가지 않으면 안 되었다.

칠천량에서 조선 수군은 패했다. 원균도 최후를 맞았다. 조선 수군은 궤멸당했다.

칠천량 해전에 경상우수사 배설도 참가했다. 그러나 그는 전투 초기 이미 도주를 했다. 그의 전선 12척을 지휘해 전장에서 빠져 나와 버린 것이다. 그 배가 회령포에 있었다. 장군은 급히 회령포로 길을 잡았다.

경상우수사 배설은 이곳까지 도망쳐 와 숨죽이고 있었던 것이다. 바다는 회색이었다. 1597년 8월 18일, 장군은 이곳 회령포에서 12척의 배를 인수받았다. 그 날 배설은 수질을 핑계삼아 현장에 나오지 않았다.

대장정을 하다

아무것도 없었다. 남은 것은 달랑 임금의 교지 한 장이었다. 다시 삼도수군통제사가 되었지만 그에게는 군사도 전함도 없었다. 수습할 길이 막연했다.

온갖 노력을 기울여 키웠던 조선 수군이 하루아침에 궤멸된 것도 견디기 어렵지만 그것을 다시 세울 방도가 없는 것도 고통이었다.

장군은 대장정을 결심했다. 어딘가에 열두어 척의 배가 남아 있다지만 그것을 찾는 게 급한 것이 아니었다. 처음부터 다시 조직해야 했다. 장군은 일부러 해안에서 약간 떨어진 내륙지방으로 방향을 잡았다.

해안보다는 내륙이 비교적 전쟁의 피해가 덜했기 때문이다. 장군은 초계에서 회령포까지 가면서 무엇을 했을까?

첫째, 장군은 민심을 수습했다.

전투는 군사가 하지만 전쟁은 백성이 하는 것이다. 민심이 흩어지면 전쟁에 이기지 못한다는 것을 장군은 알고 있었다. 민심 수습이 중요했다. 당시 장군은 그 존재만으로도 백성들의 구심점이 되었다.

전쟁에 시달린 백성들은 누구를 가장 믿었을까? 한양에 있는 임금 선조도 아닌, 3정승도 아닌 장군을 믿었다. 장군의 복권과 부임은 그 자체로 백성들에게 힘이 되었다.

장군이 지리산을 중심으로 남부지방 장정에 나서자 피난민이 크게 줄었다. 또한 장군은 길에서 만난 피난민을 위로하고 타일렀다. 자신을 믿고 생업에 열중하라고 당부했다. 이런 당부에 백성들은 술을 갖다 바치며 호응했다.

장군은 "노인들이 길가에 늘어서서 다투어 술병을 가져다주는데 받지 않으면 울면서 강제로 권했다."고 <난중일기>에 기록하고 있다.

둘째, 장군은 대장정을 하면서 군사를 모았다.

장군이 나타나자 도망갔던 군사들이 모여들기 시작했다. 처음 초계를 출발할 때는 휘하 군관이 고작 9명에 지나지 않았으나 각 고을을 돌 때마다 장군 휘하에는 군사들이 늘어났다.

장군의 복권이 알려지자 의병장들도 늘어났다. 일부 승려들은 장군에게 의병 사령장을 써 달라고 했다. 장군의 인정을 받는 의병장이 되고 싶었던 것이다.

셋째, 행정력을 복원했다.

장군은 대장정 도중 각 고을 현감들과 자리를 자주 가졌다. 당시 고을 사또들도 크게 동요하고 있었다. 나라의 명운이 어찌 될지 모르는 판에 벼슬을 하고 있다는 것은 어쩌면 목숨을 재촉하는 행위인지도 몰랐다.

그러나 지방 현감들은 장군을 만나면서 불안감에서 벗어나기 시작했다. 진주목사, 남해현감, 고산현감 등이 장군과 뜻을 같이 했다. 물론 그 반대의 경우도 있었다. 옥과현감은 병을 핑계로 장군을 만나지 않았고 병마사 이복남은 창고에 불을 지르고 도망가기도 했다.

일찍이 칠천량에서 배 12척과 함께 도망쳐 왔던 경상우수사 배설도 회령포에서 배만 남겨준 채 도망가고 말았다. 그러나 더 많은 현감들이 장군과 뜻을 함께 하며 자신감과 행정력을 복원해 나갔다.

넷째, 엄격한 군기를 세웠다.

장군은 휘하 장수 이몽구가 명령을 실행하지 않았다는 죄목으로 곤장 80대를 쳤다. 비록 한미한 군대지만 군율이 칼날처럼 서 있어야 한다는 소신의 발로였다.

이런 장군의 태도에 도망갔던 징졸들은 다시 예전의 용맹함을 되찾기 시작했다.

다섯째, 무기를 모았다.

당연한 이야기지만 장군은 대장정을 하며 군사들이 사용할 무기를 수습했다.

그러나 그 수는 형편없었다. 1597년 2월, 장군이 한산도에서 체포될 때 원균에게 넘겨준 조선 수군의 전력에 비하면 2,000여 리 장정으로 얻은 군사와 무기는 한심한 수준이었다.

체포될 당시 장군은 군량미 9,914석, 화약 4,000근, 천자포, 지자포 등 대포 300문, 그리고 300척 이상의 전선을 원균에게 인도했던 것이다.

그런데 지금은 마치 이삭줍기를 하듯 하나하나 모아야 했던 것이다.

작전을 다시 수립하는 리더

리더십이란 한 개인이
다른 구성원에게 이미 설정된
목표를 달성하는 데 따라오게끔
영향력을 행사하는 과정이다.

적의 허를 찌르는 대담한 작전

당시 장군이 이렇게 대장정을 하며 수습하는 데 걸린 시간은 약 한 달이었다. 초계에서 칠천량 패전 소식을 처음 들은 것이 7월 18일, 장흥의 회령포에서 전선 12척을 인수받은 것이 8월 18일이니, 꼭 한 달이 걸린 것이었다.

그 급박했던 여름 한 달, 장군이 맨손으로 하나씩 조선 수군을 복원하는 데는 당시 왜군의 치명적인 전략상 실수도 한몫했다.

칠천량에서 조선 수군을 점멸시켰을 때, 왜군은 그 여세를 몰아 서해를 통해 바로 한양으로 진격했어야 했다. 그런데 그들은 서해 바닷길 대신 육로를 선택했다.

즉 하동·구례·남원·전주를 거쳐 북상하는 길을 선택한 것이다.

바닷길로는 사나흘이면 갈 수 있는데 굳이 육로를 선택한 것은 장군으로서는 행운이었다. 이들이 한양까지 진격하는 약 한 달간의 시간을 벌었던 것이다.

만약 왜군이 서해 바다를 통해 곧장 한양으로 들이닥쳤더라면 장군은 아무것도 수습하지 못하고 조선의 멸망을 지켜봐야 했을지도 모른다.

장군의 대장정은 그야말로 고난의 길이었다. 그러면서도 장군은 끝까지 포기하지 않았다. 어느 날인가 장군은 덕천 강변에서 일단의 청년들을 데리고 군사 훈련을 실시하려고 했다. 장정 몇몇이 모였으나 이들이 탈 말도 없었고 훈련할 활과 화살도 없었다.

맨손의 장군 밑에 빈손의 장정들이 모였던 것이다. 장군은 주로 민가에 머물렀다. 가끔은 빈집에서 자기도 하고 지방 수령이 도망가 버린 빈 관사에서 잠을 청하기도 했다.

동시에 장군의 장정은 매우 위험한 일이었다. 장군이 다녔던 길은 왜적이 진군한 바로 그 길이었다. 적의 보급병이나 정찰병과 언제든지 조우할 수 있는 곳이었다.

그런데도 장군은 그 현장을 찾아다녔다. 오로지 민심을 수습하고 군사를 다시 모으려는 일념에서였다. 그 일을 장군은 직접 해낸 것이다.

장군의 대장정은 적의 허점을 찌른 대담한 작전이었다. 장군은 적의 동향을 살피는 것을 게을리 하지 않았다. 곡성 군 옥과에 머물 때는 송여립을 시켜 적의 동향을 살폈다. 적은 이순신이 바로 자신들 곁에 붙어 그들의 진격로를 따르면서 그들의 동향을 살피고 군세를 수습하리라고는 꿈도 꾸지 못하고 있었다. 위험을 무릅쓰고 적의 허점을 찌르는 대담함, 그것은 장군의 최대 장점이었다.

　　적진 바로 옆에서 아군을 수습하는 데 적과 먼 후방에 있는 장정과 군사들이 왜 모여들지 않겠는가?

　　장군의 대담함은 그가 맨손의 삼도수군통제사에서 나중에 명량대첩을 거두는 세계의 명장이 되기까지 하나의 밑거름이 되었다. 2,000여 리의 대장정, 적의 턱밑을 파고드는 대담한 장정으로 장군은 회생의 기회를 잡았던 것이다.

　　그것은 전쟁의 물줄기를 되잡는 것이었으며, 조선의 운명을 건진 대장정이었다. 무에서 유를 창조한 고난의 길이었던 것이다.

기발한 전술을 사용하다

    명량해전이 있던 날 새벽, 장군은 별망군으로부터 이런 보고를 받았다.

    우수영의 장군은 곧 전선 12척에게 출동 명령을 내렸다. 그것이 오전 8시경. 명량의 조류는 역조였다.

    즉 동남쪽에서 북서쪽으로 흐르는 조류였다. 해남 완도쪽에서 쳐들어오는 적의 입장에서는 순류를 타고 있었다. 반면 장군의 조선 수군 전선 12척은 역조를 헤쳐 나가기 위해 돛을 올리고 노를 저어야 했다.

    장군이 다시 삼도수군통제사로 임명되고 전선 12척을 회령포에서 인수받은 것은 1597년 8월 18일, 명량전투가 일어나기 꼭 한 달 전이었다.

    그 한 달 동안 장군은 앞에서 말한 것처럼 서쪽으로 이동

하면서 적과 서너 차례 전투를 치렀다.

본격적인 전투는 아니었지만 적의 척후선들의 기습을 막아 내며 서너 차례 승리를 거두었다. 작은 승리였으나 조선 수군들의 사기를 진작시키는 계기가 되었다.

그러나 장군은 알고 있었다. 오래지 않아 운명을 건 대접전이 벌어질 것이라는 사실을 장군은 알고 있었다.

장군은 명량을 선택했다. 천혜의 지형과 조류를 활용하기 위해서다. 명량해협의 폭은 평균 500m이지만 해협 양안에 암초가 있어 배가 다닐 수 있는 너비는 평균 400m에 불과하다.

명량해협 중에서도 울돌목은 너비가 120m로 가장 좁다. 이순신은 12척의 배로 이곳에서 적의 공격을 저지하기로 결정했다.

명량해협, 해남과 진도 사이의 좁은 물길인 이곳은 우리나라에서도 조류가 가장 센 곳이다. 서해를 거쳐 한강으로 진출하려는 적은 반드시 이 물길을 지날 것이다.

여기서 조류만 잘 타면 진도에서 목포까지 두어 시간이면 도달할 수 있는 지형 조건을 명량은 갖고 있었다. 이미 일본에서부터 조류를 잘 이용했던 왜군은 남해안의 조류도 이용할 줄 알았다. 명량의 순류가 시작되자마자 왜군은 일제히 진도 쪽으로 다가왔다. 적선 200여 척, 일본군 함대는 2km에 걸쳐 길게 행렬을 이루고 있었다.

명량은 하루에 네 번 조류의 방향이 바뀐다. 오전 시간은 해남에서 목포 쪽으로 약 6시간 조류가 흐른다. 전문가들의 조사에 의하면 오전 8시경이 가장 조류가 센 시간으로 되어 있다.

날이 밝자마자 왜군은 자신들에게 유리한 조류를 타고 왔다. 비록 이순신이 있다고 하지만 조선 배는 고작 12척, 200척의 대함대는 그냥 지나가기만 하면 될 것 같았다. 적은 조류를 타고 바람처럼 명량 해협으로 들어오고 있었다. 당시 적은 선봉대와 중군, 그리고 후발대로 나뉘어 있었다.

장군은 12척의 배를 일렬로 정렬시켰다. "적이 비록 천척이라도 우리 배에게는 맞서 싸우지 못할 것이다. 일체 마음을 동요치 말고 맞서 싸워라." 장군은 조선 수군을 독려했다.

그러나 장군의 뜻과 달리 조선 함대의 전열은 무너졌다. 조선 수군은 명량의 급류 위에 멈춰 서 있기도 버거웠다. 물살은 끊임없이 배를 뒷전으로 몰아붙였다. 격군들이 죽을힘을 다해 노를 저었으나 배는 저절로 조금씩 뒤로 물러났다.

불굴의 정신력

리더가 갖추어야 할 특성은
육체적·정신적 에너지와
목표 의식과 정열 그리고 과감성이다.

위기 앞에서도 흔들림이 없었다

200척이 넘는 적선은 마치 거대한 산처럼 밀려오고 있었다. 싸우기도 전에 조선 수군은 기가 꺾였다. 장군의 배를 제외한 나머지 11척의 조선 수군 배들은 전투를 시작하기도 전에 주춤주춤 물러나기 시작했다.

장군은 전열과 대형을 유지하도록 독려했으나 역부족이었다. 조선 수군이 주춤주춤 물러날수록 적의 기세는 높아졌고 돌격 속도도 빨라졌다.

이미 칠천량에서 조선 수군을 괴멸시킨 경험이 있는 왜군의 기세는 높았다. 적이 다가왔다. 조선 수군의 전열은 무너지고, 명량의 급류 위에는 이제 장군의 배 한 척만이 남았다.

적은 마치 쏟아져 들어오듯이 장군의 배를 향해 돌진해

왔다.

장군선의 병사들과 격군들도 동요하는 빛이 역력했다. 어려워 보였다.

아무리 이순신 장군이라지만 12척의 배로 수많은 전선을 감당한다는 것은 불가능해 보였다. 그나마 나머지 11척의 조선 전선들은 이미 꼬리를 내린 상태가 아닌가.

그러나 장군은 꿈쩍하지 않았다. 밀려오는 적선을 바라보던 장군이 직접 북을 쳤다. 동시에 장군선의 화포가 일제히 불을 뿜었다. 대장군전이 날아 적선의 선두함에 꽂혔다. 적선이 기우뚱했다. 적은 조총으로 응사했다.

장군선의 뱃전에 적탄이 무수히 꽂혔다. 다시 화포소리가 울리면서 하늘에는 어른 머리통만한 돌이 날아가고 있었다.

장군선이 발사한 단석이 적의 적함을 깨뜨렸다.

그러나 적의 기세는 수그러들지 않았다. 오히려 앞 다투어 장군의 배를 향해 덤벼들었다. 선제 함포 공격에도 무너지지 않는 적의 전열, 멀찍이 물러나 있던 11척의 조선 수군들은 장군의 패배와 이 바다의 패배를 예감했다.

어선을 타고 전선으로 위장한 채 시위를 벌이던 피난민과 백성들 사이에는 이미 탄식소리가 흘러 나왔다. 모두가 장군의 최후, 조선 수군의 최후를 예감하고 있었다.

리더가 갖추어야 할 특성은 육체적·정신적 에너지와 목표 의식과 정열 그리고 과감성이다.

역전의 기회를 포착하다

그 순간, 장군이 기수에게 신호를 보냈다. 기수는 급히 깃발을 올렸다. 장군선에서 오른 낯선 깃발, 그것은 장군이 육지로 보내는 신호였다. 그러자 진도와 해남의 양쪽에 숨어 있던 일단의 장정들이 물레를 돌렸다. 그것은 마치 연자 방아 같은 기구였다. 그것은 철쇄였다.

명량의 바다를 가로막은 채 느슨하게 늘어져 있던 쇠줄, 그것이 팽팽해진 것이다. 왜군의 배는 배 밑바닥이 뾰족하다. 따라서 배의 바닥이 물 속에 비교적 깊이 잠기는 이른 바 첨저선이다. 조류를 타고 장군선을 향해 달려들던 왜선의 선두가 쇠줄에 걸렸다.

왜선들이 심하게 흔들렸다. 마치 암초에 걸린 듯 선두함들이 중심을 잃었다. 그 뒤로 조류를 타고 접근하던 배들이 철쇄에 걸린 배를 들이박았다.

연달아 추돌 현상이 발생한 것이다. 순식간에 왜군 함대는 진용을 잃고 서로 부딪히며 허우적댔다. 장군이 다시 북을 울렸다. 장군선에서 일제히 화포와 화살이 날았다.

장군선의 화포와 화살은 철쇄에 걸려 허우적대는 왜선을 정확하게 타격해 나가기 시작했다.

다시 장군선에서 화포소리가 진동을 했다. 잠시 주위가 고요해졌다. 마치 수많은 박쥐 떼가 밤하늘을 나는 듯한 소리만 들렸다. '쏴아' 하는 소리가 명량 바다 위를 가득 메우는가 싶은 순간, 마치 벼락으로 콩을 볶는 듯한 소리가 들려왔다. 일제히 조란탄을 발사한 것이다.

조란탄이란 새알 같은 모양으로 주조된 철탄으로 천자총통의 경우 한 번에 400개에서 500개를 발사할 수 있다.

그것은 마치 기관포탄이 쏟아지듯 적의 배를 타격했다. 왜선단은 대혼란에 빠졌다. 선두함대가 철쇄에 걸린 채 장군선으로부터 집중 포격을 받아 침몰하고 있었으며 그 뒤로 조류의 힘을 탄 다른 적선들이 들이닥치고 있었다. 그 와중에 철쇄를 넘은 적선들은 장군선을 향해 집요하게 덤벼들었다.

장군은 군사들을 독려하고 또 독려했다. 장군은 뒤를 돌아다보았다. 아직도 11척의 아군 전선들이 뒤쳐져 미적거리고 있었다.

장군이 드디어 호각을 불게 하고 초요기를 세웠더니 거제 현령 안위의 배가 먼저 오고 그 다음에 중군장 김응함의 배가 왔다. 이 때의 상황을 장군은 난중일기에서 자세히 밝히고 있다.

나는 배 위에 서서 친히 안위를 불렀다. "안위야 군법에 죽고 싶으냐, 네가 군법에 죽고 싶으냐? 도망간다고 어디 가서 살 것이냐." 하니 안위도 황급히 적선 속으로 돌입했다.

또 김응함을 불러 "너는 중군으로서 멀리 피하고 대장을 구원하지 않으니 죄를 어찌 면할 것이냐? 당장 처형할 것이로되 적세가 급하므로 우선 공을 세우게 한다."하였다. 그래서 두 배가 적진을 향해 앞서 나가자 적군들이 일시에 안위의 배에 개미 붙듯 먼저 올라가려 하니 안위와 그 배에 탄 사람들이 죽을힘을 다해서 혹은 모난 몽둥이로, 혹은 긴 창으로, 또는 수마석 덩어리로 무수히 치고 막다가 배 위의 사람이 기진맥진하므로, 나는 뱃머리를 돌려 바로 쫓아 들어가서 빗발치듯 마구 쏘아댔다.

정신력과 작전의 승리

　장군은 홀로 거의 한 시간을 싸웠다. 철쇄에 걸려 허우적대는 왜선에 대항해 장군선이 선전을 하자 물러나 있던 조선 수군들이 움직이기 시작했다. 한 척, 두 척 장군선 가까이 다가와 전투에 참여했다. 이제 조선 수군은 대오를 정비했다. 전투는 갈수록 치열해졌다.

　그러던 어느 순간, 눈에 띄는 붉은 갑옷을 입은 적장의 시체 하나가 바다에 떠올랐다. 장군은 그 시체를 끌어올렸다. 안골포 해전에서 장군에게 투항해 온 왜군 병사가 그 장수의 이름을 댔다. 기록에는 마다시라고 나오지만, 그 적장은 구루시마 미치후사였다. 장군은 구루시마의 목을 벴다. 그리고 대장선에 높이 매달았다. 왜군들도 장군선에 내걸린 장수의 목을 보았다.

적선에서는 동요가 일었다. 돌격함대의 선봉 장수의 목이 이순신 장군선에 내걸렸으니 적의 동요는 당연했다. 반대로 조선 수군들의 기세는 드높아졌다. 조선 수군의 공격이 더 거세졌다. 그렇게 치열한 공방전이 오가던 어느 순간, 갑자기 바다가 조용해졌다.

장군과 조선 수군 쪽으로 거세게 밀려오던 조류가 어느 순간 거짓말처럼 멈추었다. 정류였다. 모든 조류가 움직임을 멈추는 짧은 순간, 그 고요 속에 바다는 거대한 몸을 뒤채기 시작했다.

그리고 잠시 후 다시 바다가 울기 시작했다. 조류의 방향이 바뀌었다. 조선 수군을 향해 거세게 몰아치던 조류가 방향을 바꾸어 왜군을 향해 흐르기 시작했다.

왜군은 순식간에 역류를 만났다. 또 한 번의 혼란이 적선에 밀어닥쳤다. 이미 진용을 잃어버린 왜선들은 조류에 밀리기 시작했다. 반대로 조선 수군은 순류를 탔다. 가만히 있어도 적을 향해 돌격할 수 있는 상황이 되었다.

"둥 둥 둥……."

장군선에서 북소리가 울려퍼졌다. 조선 수군이 일제히 돌격을 감행했다. 그 날 정오를 넘긴 시각이었다. 전선은 점차 왜군이 몰려 왔던 곳으로 밀려갔다.

이미 대세는 기울어 있었다. 뒤쳐져 있던 왜군의 본대가 뱃머리를 돌렸다. 조선 수군과 피난민들 사이에서 함성이 올랐다. 장군은 추격을 금지시켰다.

그리고 적의 후미 선단이 완전히 명량을 돌아나갈 때까지 꼼짝 않고 그들을 지켜보았다.

명량대첩의 대승이었다. 명량해협으로 진입한 적선 중 31척이 격침되었다. 장군의 조선 수군은 단 한 척의 배도 잃지 않았다. 이 명량대첩으로 이순신은 빼앗겼던 제해권을 되찾게 되었다.

창의성이 뛰어난 리더

리더십이란 어떤 지위나
지분을 취하는 것이 아니다.
단지 목적을 취하는 것이다.

거북선의 활용

임진왜란, 이순신, 거북선 이 세 단어는 마치 어원이 하나인 것처럼 익숙하게 붙어 다닌다. 이순신을 그린 어떤 그림이나 벽화에도 거북선은 등장한다. 노산 이은상 선생의 이순신 노래에서도 거북선 거느리고 호령했다고 묘사하고 있다.

임진왜란 당시 거북선은 세 척이 건조된 것으로 알려지고 있다. 전투에는 두 척이 참여했는데 이들의 최후에 대해서는 기록이 없다. 어느 해전에서 장렬한 최후를 마쳤는지 혹은 장군과 운명을 함께 했는지 기록이 없다. 아마도 칠천량 패전에서 격침되었을 것이다.

18세기 말 정조 때에는 약 40여 척의 거북선이 있었다는 기록이 있는 것으로 보아 거북선은 오랫동안 조선 수군의 중요 전력이었던 것만은 확실하다.

당시 조선 수군은 판옥선을 주력 전선으로 갖고 있었다. 조선 소나무로 견고하게 짠 판옥선은 일본의 안택선보다 훨씬 견고한 배였다. 돛과 노를 이용해 달리는 판옥선은 화포를 장착한 함선이었다. 천자총통을 비롯해 지자 현자총통 등 화포를 주력 무기로 탑재하고 있었다.

여기에 궁수와 총수, 그리고 노를 젓는 격군이 타고 있었던 것이다.

반면 일본군은 노련한 칼잡이들이 포진하고 있었다. 조총수와 함께 적의 배에 근접해 백병전을 벌일 병력이 타고 있었다. 일본군은 전국시대를 거치면서 숱한 전투를 치른 병력이었다. 이들은 백병전에 능했다.

만약 이들이 조선의 판옥선에 뛰어오른다면 그 다음 상황은 불을 보듯 뻔했다. 활이나 쏘고 대포나 쏘는 조선 수군은 능숙한 칼 솜씨를 가진 일본군의 근접전 상대가 되지 못했던 것이다.

여기에 거북선의 탁월한 점이 있다. 장군은 주력전함이었던 판옥선에 뚜껑을 덮고 쇠못을 거꾸로 촘촘하게 박고는 가마니로 위를 덮었다. 견고한 조선 소나무를 일본의 조총은 뚫지 못했다.

거북선이 접근하자 일본군은 반겼다. 이제야말로 적의 배에 올라타 근접전, 백병전을 마음껏 펼칠 수 있게 된 것이다.

곧 밧줄을 타고 거북선 등위로 적들이 상륙했다. 그러나 가마니 밑에는 쇠못이 있었다. 거북선에 오르는 것은 불가능했다. 위에 젖은 가마니를 덮어 화공에도 끄떡없었다. 거북선은 탁월한 돌격선이었다.

협공을 하다

도요토미 히데요시가 죽었다. 일본을 통일하고 그 야망을 주체하지 못해 마침내 조선과 명나라 정벌에 나섰던 일본 통치자가 죽었다. 그의 죽음은 전선에 즉각 알려졌다.

명량의 대패 이후 왜성을 쌓고 꼼짝 않고 숨어 지내던 왜군들에게 내려진 명령은 후퇴, 7년간의 전쟁을 접으라는 명령이었다.

고시니 유키나카는 당시 순천 예교에 왜성을 쌓고 웅크리고 있었다. 그는 조용한 후퇴를 원했다. 그러나 그들이 돌아갈 길은 없었다. 장군의 함대가 예교성 앞바다를 봉쇄하고 있었다.

장군은 순천 앞바다의 유도에 진을 치고 고시니의 왜군들이 바다로 나오기만을 기다렸다. 당시에는 명나라 진린의 수군도 작전을 함께 펼치고 있었다.

고시니가 조용히 철수할 수 있는 길은 두 가지. 하나는 장군이 봉쇄를 풀고 바닷길을 열어 주는 것, 또 하나는 장군의 함대를 정면으로 치고 나가는 것이었다.

두 번째는 거의 불가능한 일, 그렇다고 첫 번째의 방법도 통할 것 같지 않았다. 가느다란 희망이 있다면 사천, 고성 등 경상도 지역에 산재해 있는 다른 왜군들이 장군의 함대를 공격하는 것, 그 협공의 순간을 노려 예교의 고시니가 바다를 빠져나가는 방법이었다.

그러나 그 협공작전도 쉽지 않았다. 장군이 모든 정보로를 차단하고 있었기 때문이었다. 고시니는 명나라 장수 진린에게 뇌물을 주고 척후선이 빠져나갈 수 있도록 했다.

남의 전쟁에 와 있던 진린은 뇌물에 넘어갔고, 왜군은 협공작전을 펼칠 수 있게 되었다.

역사를 초월한 불멸의 리더

지도자를 택할 줄 알고
복종할 줄 알고 보조할 줄 알고
경애할 줄 아는 것은
국민이 지도자에 대한 4대 덕(德)이다.

최후까지 투쟁하다

　도요토미가 죽고 왜군이 총퇴각한다는 정보를 얻고 통제사 이순신은 진린도독과 함께 바다로 나갔다.

　이때가 이순신이 통제영을 고금도로 옮긴 지 2백 5일 되는 9월 15일이었다. 조선·명의 연합수군은 19일 전라좌수영 앞바다에 이르고 20일에는 소서행장이 진을 치고 있는 순천 예교 앞바다에 이르렀다. 이 때의 전투 상황은 여기서는 생략하려니와, 통제사 이순신은 "나와 백성을 욕보인 왜적은 한 놈도 돌려보내지 못한다."고 하면서 적의 퇴로를 차단하고 공격하였다. 그러나 진린도독은 순천 예교싸움에서 역시 관망적이었다.

　통제사 이순신은 이 싸움이 최후의 싸움이 될 것을 알고 있었다. 그는 마치 <사국지연의>에 나오는 오장원 싸움터에서의 제갈량과도 같았다. 명제독 진린이 천문을 살폈더니 동방의 대장별이 희미하게 빛을 바래고 있었다는 것이다.

그는 이순신에게 제갈량처럼 하늘에 기도할 것을 권하는 편지를 보냈다. 그러나 이순신은 한마디로 거절하였다.

나는 충성이 무후(제갈량)만 못하고 덕망이 무후만 못하고 재주가 무후만 못하여 세 가지가 다 무후만 못하니 비록 무후의 기도법을 쓴다고 한들 하늘이 어찌 들어줄 리가 있겠습니까?

1598년 11월 18일 밤, 대규모의 왜군 함대가 노량 바다에 나타났다. 순천의 고시니 구하기에 나선 것이다.

장군은 즉각 유도의 해상 봉쇄를 풀고 왜군 함대와 맞서기 위해 노량 쪽으로 출동했다. 당시 왜군의 배는 대선 300여 척에 6만여 대군이었다.

여기에 맞선 장군의 함대는 전선 83척에 수군 1만 7,000여 명이었다.

2,600여 명의 명나라 군대는 전장에서 십리 가량 떨어진 죽도 부근에서 경계근무만 서고 있었다.

장군이 적 함대와 조우한 것은 1598년 11월 19일 오전 2시, 깜깜한 관음포 밤바다에서였다. 장군은 지체 없이 공격 명령을 내렸다.

곧이어 불화살이 밤하늘을 수놓았다. 조선 수군의 화포가 불을 뿜기 시작했다.

왜군의 조총도 응사했으나 대포와 소총의 싸움, 칠흑 같은 바다 위에서 조선 수군은 적선을 하나씩 강력하게 타격해 나가기 시작했다.

밀린 적은 관음포로 몰려들었다. 왜적들은 관음포가 막힌 포구가 아니라 남해읍 쪽으로 연결된 바다로 파악하고 있었다.

당시 왜군들의 지도에는 관음포에서 남해읍 앞으로 바다가 연결된 것처럼 청색으로 칠해져 있었다고 한다.

그래서 이 근처를 가청도라고도 부른다. 가짜 청색이란 뜻이다.

장군의 조선 함대에 밀려 관음포로 몰려간 적선은 완전히 퇴로를 차단당한 채 포위되고 말았다. 그들의 마지막 저항은 처절했다.

조선 수군에 있어 마지막 이 해전은 전쟁의 뒤풀이 같은 것이었다. 이미 한산대첩으로 임진왜란 때 제해권을 확보했으며, 명량대첩으로 정유재란 때도 제해권을 되찾았다.

철수하려는 적의 목덜미를 물고 흔든 것이 바로 관음포 싸움이었다. 불타는 적선을 배경으로 동쪽 하늘이 밝아 오기 시작했다. 온 바다에 왜군의 시체와 파괴된 전선이 떠다니고 있었다. 관음포 해전에 대한 도체찰사 이덕형의 보고서다.

왜적은 대패했으며 물에 빠져 죽은 자는 그 수를 헤아릴 수 없다. 왜선 100여 척은 패몰했으며, 사상자는 수천 명에 이르렀다. 왜의 시체와 부서진 뱃조각, 무기, 의복 등이 바다를 덮었으므로 바닷물이 흐르지 못했으며 바닷물은 온통 붉었다.

이 승전은 조선 수군에게는 한바탕 축제와 같은 것이었다. 슬픔과 분노가 깊이 서린 축제였다. 7년 전쟁으로 조선의 산하와 조선 사람들의 삶은 완전히 파괴되었다. 나라를 다시 재건할 수 있을지조차 모를 정도로 모든 것이 파괴되었다.

아들은 아비를 잃고 어미는 자식을 잃었다. 눈앞에서 지아비가 도륙되는 현장을 봐야 했고 눈앞에서 가족이 능욕

당하는 꼴을 보아야 했다.

창자를 꺼내 씹는 아픔을 당하면서도 살아 내야 했던 시절, 그 시절을 고스란히 경험한 조선 수군들에게 적은 살려 보낼 수 없는 존재였다. 조선 수군들은 그 어느 때보다 치열하게 싸웠다. 이미 등을 보인 적일지라도 그냥 보낼 수는 없었다.

영원히 빛날 리더

장군 역시 맨 앞에서 전투에 몰두했다. 아침이 되었다. 날이 훤히 밝았다.

장군은 직접 북채를 들고 뱃전에서 군사들을 독려했다. 그러던 어느 순간, 장군의 북채가 툭 뱃전에 떨어졌다.

환시일까? 잘못 본 것일까? 그 순간 장군이 비틀거리는 것을 본 조카와 송희립이 달려왔다. 장군의 가슴에서 핏물이 번지고 있었다.

"싸움이 한창이니 삼가 나의 죽음을 알리지 말라."

장군의 마지막 말이었다.

장군의 나이 쉰넷, 불멸의 영웅이 세상을 떠난 것이다.

장군이 죽은 후에도 관음포 앞바다에는 전투가 이어졌다. 장군선의 군사들 외에는 장군의 죽음을 알지 못했다.

그리고 정오가 되지 않아 전투는 끝이 났다. 패배한 적선들은 도망가기에 바빴다. 전투가 한창일 때 적장 고시니 유키나카는 멀리 미조 앞바다를 거쳐 큰 바다로 도망을 갔다.

마침내 전투가 끝이 났다. 곳곳에서 조선 수군들의 환호성이 올랐다.

그것은 울음 섞인 환호성이었다. 마침내 적을 무찔렀다는 기쁨과 그 동안의 한이 한꺼번에 복받쳐 올랐을 것이다.

그러나 장군선은 조용했다. 응당 길게 천아성 나발소리가 울리고 흥겨운 승전고가 울려 퍼져야 할 장군선은 조용했다. 명나라 장수 진린이 적이 물러가는 것을 보고는 장군선 쪽으로 다가왔다. 그는 장군을 진심으로 존경했다.

비록 작은 나라의 장수이지만 대륙에도 없는 장수가 이순신이었던 것이다. 더구나 장군은 그를 사지에서 구해 준 생명의 은인이다. 진린이 장군선 가까이 다가왔다.

그는 장군의 죽음 소식을 들었다. 그러고는 세 번이나 넘어지면서 장군선으로 올라 장군의 주검 앞에 무릎을 꿇었다. 진린은 통곡했다.

그제서야 조선 수군들이 모두 뱃전에 엎드렸다. 조선 수군의 피 어린 통곡에도 장군은 끝내 대답하지 않았다.

Part 2

난중일기에 나타난 리더십

난중일기란 무엇을 말하는가?

임진왜란 때 이순신이 진중에서
적은 일기로, 선조 25년부터 31년까지의
기록이다.

인진왜란 7년 동안 쓴 일기

　　<난중일기>는 이순신이 임진왜란 7년 동안의 전쟁중에 쓴 일기로 알려져 있다.

　　그러나 실제로 표제는 난중일기가 아니고 1592년의 임진일기, 다음해의 계사일기 등 해마다 쓴 7책과 부록 1책으로 이루어진 책이며 정조 때 <이충무공전서>를 간행하면서 <난중일기>라는 이름을 얻게 되었다. 빠진 부분도 있으나, 임진왜란이 일어나던 1592년부터 끝나던 1598년까지의 일을 간결·명료하게 기록하고 있다.

　　난중일기는 두 가지 종류로 이 충무공의 친필 초고본과, <이충무공전서>의 권5에서 권8사이에 실려 있는 것이다. 그런데 충무공의 친필 초고본과 <이충무공전서>에 수록되어 있는 내용과는 많은 차이가 있다.

그 까닭은 전서의 편찬가들이 충무공의 친필 초고를 가져다가 정자로 베껴 판각에 올릴 때에 생략해 버렸기 때문이다.

그 대신 전서에 수록되어 있는 부분이 정작 충무공의 친필 초고본에는 빠진 부분도 있다.

또 초고본의 여백에는 많은 편지나 공문의 초안, 글과 낙서, 메모 등이 실려 있는데 <이충무공전서>에서는 독립된 글로 다듬어지기도 하고 삭제되기도 하였다.

임진년 일기 뒷부분에 붙어 있는 이순신의 수결(서명)은 '일심'이라는 문구를 이용한 것으로 추정해 왔다.

그런데 이 연습한 것들을 자세히 살펴보면 '순' 자의 윗부분에 '신' 자를 변형시켜 합쳐놓은 듯한 형태가 보인다. 이로 보아 수결은 '순신'을 변형시킨 것이 아닌가 추측된다.

난중일기에 나타난 리더십

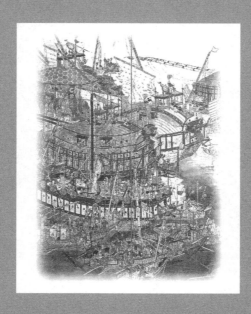

조총을 만들다

계사년 9월 15일

하나, 오랑캐의 근성은 언행이 경박하고 거칠며, 칼과 창을 잘 쓰고 배에 익숙해 있으므로, 육지에 내려오면, 문득 제 생각에는, 칼을 휘두르며 돌진하고, 우리 군사는 아직 정예롭게 훈련되어 있지 않은 무리이므로, 일시에 놀라 무너져 그 능력으로 죽음을 무릅쓰며 항전할 수 있겠습니까.

하나, 정철총통은 전쟁에 가장 긴요한 것인데도, 우리나라 사람들은 그 만드는 법을 잘 알지 못하였습니다. 이제야 온갖 연구 끝에 조총을 만들어 내니, 왜놈의 총통보다도 낫습니다. 명나라 사람들이 와서 진중에서 시험사격을 하고서는 잘 되었다고 칭찬하지 않는 이가 없었습니다.

이미 그 묘법을 알았으니, 도 안에서는 같은 모양으로 넉

넉히 만들어 내도록 수찰사와 병마사에게 견본을 보내고, 공문을 돌려서 알게 하였습니다.

하나, 지난해 변란이 일어난 뒤로 수군이 전투한 것이 수십 번이나 많이 되는데, 그 적들은 꺾여져 무너지지 않은 게 없고, 우리는 한번도 패하지 않았습니다.

나라의 상황을 걱정하다

앞의 글에 연이어 수록되어 있음

선조 임금이 의주에 피난하여 신하들의 붕당 정치를 보고 자숙하라고 지은 시이다. 전국적으로 회자된 듯하다.

나라는 갈팡질팡 어지러운데, 충신으로 나설 이 그 누구인고! 서울을 떠난 것은 큰 계획이요, 회복은 그대들께 달려 있나니, 국경이라 산의 달 아래 슬프게 울고, 압록강 강 바람에 아픈 이 가슴, 신하들아! 오늘을 겪고 나서도, 그래도 동인 서인 싸우려느냐! 임금이 지었다. "누가 곽자의나 이광필처럼 되겠느뇨."

적의 흉계에 대하여

똑같은 내용이 연이어 수록되어 있다.

약속하는 일. 이제 여러 곳의 적들이 모두 영남의 바다로 모이고, 육지로는 함안·창원·의령에서 진양에 이르기까지, 물길로는 웅천·거제 등지까지 무수히 합세하기에 도리어 서쪽에다 뜻을 두었으니, 이런 흉모를 더하는 것이 무척 통분할 뿐 아니라, 지난해 늦가을부터 지금까지 여러 장수들을 쓰는 것이 마음을 다했는지 여부와 시기를 따라 익히 살피면 혹시라도 먼저 돌진하자고 하여도 서로 싸우기만 하는데, 마음에 맺혀 잊지 못하는 가운데 눈물을 흘리는 자가 있고, 혹 욕심이 있어 늙은이에게 이로움이 절실하여 승패를 가늠하지 못하고서 저돌적으로 적의 예봉에 마침내는 나라가 망하고 몸만 아프게 되었습니다.

자기를 알고 적을 알아야

갑오년 11월 28일 뒷장에 수록되어 있다.

도망가기는 어렵습니다. 밖으로는 나라를 바로잡을 주춧돌 같은 인재 없으니, 거듭하여 배들을 덮어 그로 하여금 안전치 못합니다.

안으로는 방책을 세울 만한 기둥 재목 같은 인재 없으니, 기계를 고치고 다루며 나는 그 편안함을 취하였습니다. 나를 알고 적을 알면 백 번 싸워도 다 이기고, 나를 알고 적을 모르면 이기고 지는 것이 반반이며, 나를 모르고 적도 모르면 싸워 봐야 반드시 지게 됩니다.

이것은 만고의 바뀌지 않는 진리입니다.

적들의 침공을 걱정하다

갑오년 11월 28일 뒷장으로 윗 글에 연이어 수록되어 있다. 장계나 편지의 초안으로 여러 번 고친 자국과 새로 써서 문장이 서로 중복되는 것을 알 수 있다.

하나, 영남의 좌우 연해에 많은 적들이 가득하고, 저돌적인 침범이 근심됨이 반드시 아침 저녁-코앞에 다가왔습니다. 그러나 군사를 일으킨 지 3년이나 되어 공사 간에 재물이 없어지고, 학질 등의 병이 극성이어서 사망으로 거의 다 없어짐이 육지나 바다가 똑같이 되어버렸습니다.

대총 유정은 이미 군사를 철수시켜 고국으로 되돌아가니 위급한 세력의 급박함이 호흡하는 순간에 달려 있어 온갖 생각을 해도 지킬 방도가 전혀 없습니다.

또 하나, 영남의 좌우 연해에 많은 적들이 가득하고,

저돌적인 침범이 근심됨이 반드시 아침 저녁─코앞에 다가왔습니다.

그러나 군사를 일으킨 지 3년이나 되어 공사 간에 재물이 다 없어지고, 학질 등의 병이 극성이어서 사망으로 거의 다 없어졌습니다.

호남의 한 도에 의뢰하였으나, 호남에도 큰 난리가 일어나, 전쟁으로 화재를 입은 땅이 더욱 심하며, 이 때부터 닥칠 군량과 군사를 의뢰할 곳이 전혀 없습니다.

날마다 줄어드니, 급히 모음만 같지 못하고, 곳곳의 잡색 군사 육로의 요해지를 끊어 막거나 혹 수군을 합세하여 곧바로 적진에 쳐들어갔습니다.

수군의 증강 사항

　갑오년 11월 28일 뒷장으로 윗 글에 연이어 수록되어 있다.

　본영(여수)의 전선 7척에서 새로 만든 것이 5척을 정비하여 왔고, 전에 만든 2척에서 의병에 1척, 개조한 것이 1척이다. 순천에는 10척에서 새로 만든 것이 3척, 전에 만든 것이 1척, 본영의 배 1척 방답의 배 5척이다.

　홍양에는 10척에서 그 현에서 새로 만든 것이 2척, 전에 만든 것이 2척, 본영의 배 1척, 사도의 배 5척이다. 낙안에는 4척에서 그 군에서 새로 만든 것이 2척, 전에 만든 것이 1척, 본영의 배가 1척이다.

　광양에는 4척에서 그 현에서 새로 만든 것이 2척, 전에 만든 것이 1척, 본영의 배가 1척이다.

보성에는 8척에서 그 군에서 새로 만든 것이 2척, 전에 만든 것이 2척, 녹도가 2척, 발포가 2척이다. 방답에는 4척에서 새로 만든 것이 4척이다.

여도에는 3척에서 새로 만든 것이 3척이다. 발포에는 3척에서 새로 만든 것이 3척이다.

사도에는 4척에서 새로 만든 것이 4척이다.

녹도에는 3척에서 새로 만든 것이 3척이다.

도양장 논의 벼가 20섬 13말 5되이고 아울러 13섬 14말 8되와 콩 1섬 7말을 지었다.

명나라 장수가 준 선물 목록

무술년 1월 표지 뒤에 바로 붙어 있는 글이다.

10월 4일

복일승 유격에게서 받은 것은 청포 1단, 남포 1단, 금부채 4자루, 젓가락 2모, 산닭 2마리, 양 1마리

왕원주 유격에게서 받은 것은 금띠 1, 양감도서갑 1, 향합 1, 경대 1, 금부채 2, 비단실 1봉, 찻항아리 1, 빗 2개

오유림 천총에게서 받은 것은 양대 1개, 배첩 20장

진국경 파총에게서 받은 것은 꽃차 1봉, 꽃무늬술잔 1대, 구리찻숟갈 2부, 찻숟갈 1부, 홍례첩 1개, 전간첩 5장, 서간첩 10장, 길절간 8장, 붉은 주사 젓가락 10쌍

계영천에게서 받은 것은 금부채 1발, 땀수건 1모, 부들부채 1자루, 수건 2장…

순천에서 조·명군의 연합군이 왜군을 공격하다

무술년 10월 초 7일과 8일 사이에 끼어 있다.

군사에 관한 일. 이달(10월) 3일 오늘 밤이 조류가 이로워 싸움을 하겠다고 총병 유정에게 서신으로 허가를 받았다.

주되는 일, 즉각 장수를 통솔하여 전함을 전진시키는 것은 각 고을의 군사가 있는 힘을 다하여, 제 몸을 돌보지 않고서 곧장 왜적선에 쳐들어가 불태웠다. 10여 척을 끌어내는데, 왜적은 산성 위에서 총포를 쏘았다.

한창 격렬히 벌어진 싸움을 생각하니, 마침 조수가 막 빠져 나가는 것을 보고는 주되는 일이 곧장 손짓하여 병사들을 거두는 것이 마땅함으로, 앞에 있는 배들은 고함소리를 질러 하늘에까지 시끄럽도록 하였지만, 포성은 우레 같아 부르는 소리를 듣지 못하여 사선 19척, 병사를 □□□, 무

서운 것은 왜놈들에게 빼앗기는 것인데, 장수가 탈 배와 아
울러 화약으로 스스로 불을 내어 불타버렸다.

　해당진에서는 왜적을 사로잡기도 하고, 진에서 눈을 잃
은 병사를 빼고는 훤히 조사하여 보고한 것과는 사뭇 달
랐다.

혼자 술을 마시다

8일, 병술. 맑음

아침에 온성부사와 작별하고 성을 나와 5리쯤 당도하니 큰 소나무들이 길 양옆으로 10여 리나 뻗어 있다.

또 30여 리를 더 가니 큰 고갯마루 서쪽에서 뻗어와 바다 어귀로 가로질렀는데 이름은 만령이다. 이시애가 반역하여 이 고개를 점거하고는 관군에게 대항할 적에 고개를 점령하여 진을 치고 돌과 화살을 비 퍼붓듯 함으로 관군들이 전진하지 못했었다.

이때 어유소가 몰래 경유하여 적군의 뒤를 돌아 협격하자 적들이 깃발과 북을 내버리고 도망쳤던 곳이다.

다만 지형을 살펴보니 그때 적들이 만약 고개를 점거했었다면 해정 길이란 것이 바로 눈앞에 있는 지척이라 적이 군사 수십 명으로 막기만 했다 해도 관군은 비록 수천 명이라도 험관을 넘기가 어려웠을 것이다.

그런데 <평삭방서>에 몰래 해정을 경유했다란 말은 그 까닭을 모르겠다.

고갯마루의 한 가닥이 가운데로 뻗어 바닥에 다다라 절벽으로 끊어진 데가 이른바 시중대인데 송림이 울창하고 바다가 아득하여 경치가 매우 좋았다. 잠깐 쉬면서 혼자 몇 잔 술을 들고 일어나 거산역에 이르니 해가 저물었다. 또 잠깐 쉬고서 다시 말을 재촉하여 북청 고을에 당도하니 날이 이미 어두웠다.

군법의 준엄함에 대하여

초 2일 맑다. 오시(오전 11시~오후 1시)에 승선하였다. 해상에서 진을 치고 여러 장교와 더불어 의논하니 모두 기꺼이 출전할 뜻을 가지고 있었다. 그러나 낙안군수 신호는 퇴피의 뜻이 있는 듯하다. 가탄할 일이다. 그러나 군법이 있으니 퇴피하련들 할 수 있을 것인가.

한마음으로 분발하다

소속 제장들은 한마음으로 분발하여 모두 사력을 다하고 배 안의 무인이 아닌 관리들도 또한 뜻을 다하여 죽기를 기약하고 싸웠다. 적을 동서로 포위하여 공격하니 포와 화살의 소리는 풍뢰와도 같았고, 적도 발포하고 배 안의 물건들을 물에 던지느라고 정신을 못 차리고 있었다. 우리의 화살에 맞아 거꾸러지는 자와 물에 빠진 자는 부지기수여서 일시에 궤멸하였다.

두려움 없이 분전하다

전후 4차 출동하여 열 번 접전하여 모두 승전하였는데 장병의 공로를 논한다면 이번 부산해전보다 더한 것이 없다.

전일의 싸움은 적선의 수가 불과 70여 척이었으나 이번은 적의 소굴에 있는 4백여 척의 전선 속으로 군의 위세를 갖추고 승승돌진, 두려움 없이 종일토록 분전하여 적선 백여 척을 격파하여 적의 가슴을 서늘케 하고 움츠려 떨게 하였다.

죽음을 다하여 임금을 섬기다

어허! 이때가 어느 때인데 저 강은 가려는가. 가면 또 어디로 가려는가. 무릇 신하된 자로 임금을 섬김에는 죽음이 있을 뿐이요 다른 길이 없나니, 이 때야말로 종사의 위태함이 마치 터럭 한 가닥으로 천근을 달아 올림과 같아, 정히 신하된 자 몸을 버려 나라의 은혜를 갚을 때요, 간다는 말은 진실로 마음에 생각도 못 낼 말이거늘, 하물며 어찌 입밖으로 낼 수가 있을까 보냐.

그러면 내가 강이라면 나는 어떻게 한다 할꼬. 몸을 헐어 피로서 울며 간담을 열어 젖히고서 사세가 여기까지 왔으니 화친할 수 없음을 밝혀 말할 것이요.

아무리 말해도 그대로 되지 않는다면 거기 이어 죽을 것이요. 또 그렇지도 못하다면 짐짓 화친하려는 계획을 따라

몸을 그 속에 던져 온갖 일에 낱낱이 꾸려가며, 죽음속에서 살 길을 구하면 혹시 만일이라도 나라를 건질 도리가 있게 될 것이거늘 강의 계획은 이런 데서 내지 않고 그저 가려고 만 했으니, 이것이 어찌 신하된 자로서 몸을 던져 임금을 섬기는 의리라 할까 보냐.

결사항전의 맹세를 다지다

　병법에 말하기를 반드시 죽을 각오를 하면 살고 살고자
하면 도리어 죽는다.
　또 한 사람이 길목을 지킴에 천 명도 족히 두렵게 할 수
있다는 말이 있다. 오늘 우리를 두고 이른 말이다. 너희들
이 조금이라도 명령을 어기는 일이 있다면 마땅히 군율대
로 시행하여 작은 일이라도 용서하지 않겠다.

한산도 진의 이점과 각오

    신의 생각으로는 요로를 고수하여 편안히 있다가 피로한 적을 기다려 먼저 선봉을 깨뜨리면 비록 만백의 대적이라도 기운을 잃고 마음이 꺾여서 도망하기에 바쁠 것이라고 생각합니다.

    더구나 한산일해는 작년에 대적이 섬멸당한 곳이므로 이곳에 주둔하고 적의 동태를 기다려 동심협공하기로 결사서약하였습니다.

한산도 지형 조건에 대하여

7월 15일 공은 본영이 전라도에 치우쳐 있기 때문에 바닷길을 막고 지휘하기가 어려우므로, 마침내 진을 한산도로 옮기기를 청하여 조정에서도 이를 허가하였다. 이 섬은 거제도 남쪽 30리에 있는데, 산이 바다 굽이를 둘러싸서 안에서는 배를 감출 수 있고, 밖에서는 그 속을 들여다볼 수 없으며, 또 왜선들이 전라도를 침범하려면 반드시 이 길을 거치게 되는 곳이므로 공이 늘 승리를 이룩할 수 있는 곳이라고 하더니, 이 때에 여기로 와서 진영을 설치하게 된 것이다.

사명감과 중압감

1594년 9월 20일

홀로 앉아 간밤의 꿈을 생각해보니, 바다 가운데 외딴섬이 달려오다가 눈앞에 와서 주춤 섰는데, 소리가 우레 같아 사방에서는 모두들 놀라 달아나고, 나만은 우뚝 서서 끝내 그것을 구경하니, 참으로 장쾌하였다.

이 징조는 곧 왜놈이 화친을 애걸하고 스스로 멸망할 징조다.

왜적의 항복

1594년 10월 14일

새벽꿈에, 왜적들이 항복하여 육혈포 다섯 자루를 바치고, 환도도 바치며, 말을 전하는 자는 김서신이라고 하는데, 왜놈들의 항복을 모두 받아들이기로 하였다.

꿈에도 적을 칠 궁리를 하다

1596년 7월 10일

새벽꿈에 어떤 사람이 화살을 멀리 쏘는 것이었고, 또 어떤 사람이 갓을 발로 차서 부수는 것이었다. 스스로 점을 쳐보니 화살을 멀리 쏘는 것은 적들이 멀리 도망하는 것이요, 또 갓을 발로 차서 부수는 것은 머리 위에 있는 갓이 발길에 걷어차이는 것으로 적의 괴수를 모조리 잡아 없앨 징조라 하겠다.

원균과의 갈등에 대하여

8월 30일

맑고 바람조차 없다. … 김양간이 서울에서 영의정(유성룡)의 편지와 심충겸(병조판서)의 편지를 가지고 왔는데, 분개할 내용이 많이 적혀 있었다.

원균 수사의 하는 일은 극히 해괴하다. 나더러 머뭇거리며 앞으로 나아가지 않는다고 했다. 천고에 한탄할 일이다. … 밤 열 시쯤부터 마음이 어지러워 잠을 못 잤다.

탁상공론을 일삼는 조정에 대하여

9월 초3일 무인

비가 조금 내렸다. 새벽에 임금의 비밀분부가 들어왔는데, '수군과 육군의 여러 장병들이 팔짱만 끼고 서로 바라보면서 한 가지라도 계책을 세워 적을 치는 일이 없다'고 하였다.

세 해 동안이나 바다에 나와 있는데 그럴 리가 만무하다. 여러 장수들과 맹세하여 죽음으로써 원수를 갚을 뜻을 결심하고 나날을 보내지마는, 적이 험고한 곳에 웅거하여 있으니, 경솔히 나아가 칠 수도 없다.

하물며 나를 알고 적을 알아야만 백 번 싸워도 위태하지 않다고 하지 않았던가! 종일 바람이 세게 불었다.

초저녁에 촛불을 밝히고 홀로 앉아 스스로 생각하니 나

라 일은 어지럽건만 안으로 건질 길이 없으니, 이를 어찌하랴! 밤 열 시쯤에 흥양현감이 내가 혼자 앉아 있음을 알고 들어와서 자정까지 이야기하고 헤어졌다.

왜적을 물리치다

9월 29일

맑다. 출항하여 장문포 앞바다로 마구 쳐들어가니, 왜적의 무리는 험준한 곳에 웅거하여 나오지 않았다. 누각을 높이 짓고, 양쪽 봉우리에는 진지를 쌓고서 항전하러 나오지 않는다. 선봉의 적선 2척을 무찔렀더니, 뭍으로 내려가 도망가 버렸다. 빈 배만 쳐부수고 불태웠다. 칠천량에서 밤을 지냈다.

10월 8일

맑고 바람조차 없다. 아침에 출항하여 장문포의 적의 소굴에 이르니, 적들은 여전히 나오지 않았다.

군대의 위세만 보인 뒤에 흉도로 돌아왔다. 띠풀 260여 동을 베고 그대로 출항하여 한산도에 이르니, 밤은 벌써 자정이 되었다.

한산도가

한산섬 달 밝은 밤에
수루에 혼자 앉아
큰 칼 옆에 차고
깊은 시름 하는 차에
어디서 일성호가
남의 애를 끊나니

오랜 수군생활의 외로움에 대하여

갑오년 6월 11일. 충청수사가 와서 활을 쏘았다. 함께 저녁을 먹고 나서 달 아래 앉아 이야기를 나누었는데 피리소리가 처량하게 들려왔다.

을미년 8월 15일. 이날 밤 희미한 달은 수루를 비추고 잠들지 못하여 밤이 이슥하도록 퉁소를 불고 시를 읊조렸다.

명나라 수군의 정박에 대하여

"초저녁에 선전관 박희무가 임금의 유서를 가지고 왔는데 명나라 수군의 배가 정박하기 적합한 곳을 살피어 곧 장계를 올리라는 것이었다."

관망적인 명나라 수군에 대하여

얼마 전에 바다에서 싸울 때에 우리 군사가 일제히 총을 쏘아 적의 배를 쳐부수자 적의 시체가 바다에 가득 뒤덮였습니다.

급한 일이어서 모두 갈고리로 끌어올려 목을 베지는 못하고 단지 70여 급의 머리만 베었습니다. 명나라 군사는 적의 배를 멀리서 바라보면서 먼 곳으로 피해 버렸기 때문에 적을 한 놈도 잡지 못하였습니다.

우리 군대가 적을 잡은 수량을 알게 되자 진도독이 뱃전에 서서 발을 구르면서 부하들을 욕하여 내쫓으면서 신 등에 대해서는 못하는 짓이 없이 위협함으로 할 수 없이 적의 머리 4십여 개를 나누어 보내 주었습니다.

계금 유격이 또 심부름꾼을 보내어 적의 머리를 요구하

기에 신이 5개를 보내 주었습니다. 다들 고맙다는 편지를
보내 왔습니다.(8월)

명나라 제독에 대한 불만

신이 수군을 정비하여 바다에 나가서 틈을 타서 적을 소멸하려고 하지만 매번 제독의 제재를 받고 있어 안타깝기 그지없습니다.(9월)

왜적은 조선 수군만 공격하다

10월 2일

　수군이 합세하여 (순천 예교의) 적을 쳤습니다. 왜적들은 명나라 육군이 바라보기만 하면서 진격하지 않는다는 것을 알고는 수군에다 집중 공격을 하였습니다.

　우리 군사가 혈전하여 적의 시체가 낭자하였고 언덕 아래에는 무더기로 쌓여 있는 데도 있었습니다. 우리 군사는 탄환에 맞고 죽은 자가 29명이었고 명나라 군사는 5명이었습니다.(10월)

결   론

이순신 리더십의 특징

지금까지 이순신의 삶 중에서 주요한 사건과 일기를 통해서 나타난 그의 리더십의 특징은 다음과 같다고 할 수 있다.

첫째, 그는 고매한 인격을 소유한 리더였다.

그는 사생활을 엄격히 하였고, 전쟁터에서나 외지에 나갔을 때는 잠을 잘 때에도 몸가짐을 엄격히 하였고, 누구라도 법을 어긴 경우에는 가차 없이 벌을 가했으나 반면 어려운 사람을 돌볼 줄 아는 자상한 면도 가지고 있는 사람이었다.

둘째, 그는 신뢰받는 인격을 소유한 리더였다.

피난민이나 패잔병까지도 죽음을 두려워하지 않고 그와

함께 싸우려고 모여들었고 모두가 일치단결해서 용감하게 싸운 것은 물론 조국애가 있었기 때문이지만 이순신의 고매한 인격으로 인해 백성들로부터 신뢰를 받았기 때문이다. 이순신은 비록 부자는 아니었지만 '신뢰'라는 재산을 크게 쌓았다는 점에서 백성들로부터 존경받는 정말 부자였다. 많은 사람이 마음속 깊이 그를 믿고 존경했기 때문에 기꺼이 따르고 도왔던 것이다.

그가 주위로부터 존경받을 수 있었던 것은 한마디로 깨끗한 몸가짐이었다. 그는 출장갈 때 지급받은 쌀에서 남은 것이 있으면 반드시 도로 가져와 반납했을 정도로 청렴했다. 또 상관이 자기와 친한 사람을 무리하게 승진시키려 하자 이를 강력히 반대해 저지시킨 적도 있다. 이런 성품 탓에 이순신은 윗사람에게는 미움을 사기도 했으나 부하들은 그를 진심으로 신뢰했다.

셋째, 그는 부하를 지극히 사랑할 줄 아는 리더였다.

그는 장수로서 품위가 없다고 모함을 받을 정도로 부하들과 마음을 열고 대화를 했으며 같이 일했다. 어려운 사람을 돕는 데도 지극히 헌신적이었다. 궁색한 사람을 보면 그냥 넘어가지 못하고 자기가 입고 있던 옷을 벗어줄 정도의 인자한 장수였다. 그의 이와 같은 따뜻한 보살핌과 인간애로 인해 그를 따르는 사람이 많았다.

넷째, 그는 불타는 애국심을 소유한 리더였다.

그의 국가에 대한 열정은 주위의 사람들의 마음을 사로잡아 국가에 헌신하게 하였다. 그는 뚜렷한 목적과 철학을 소유한 리더였다. 그의 충성심은 그의 다음과 같은 말에서 잘 나타나 있다.

"장부로서 세상에 태어나 나라에 쓰이면 죽기로서 최선을 다할 것이며, 쓰이지 않으면 들에서 농사짓는 것으로 충분하다."

한때 그는 모함을 받아 무등병으로 강등되어 권율 장군 휘하에서 백의종군한 적도 있었다. 웬만한 사람 같으면 자포자기하거나 자살했겠지만 이순신은 나라를 위하는 일념으로 묵묵히 참고 기회를 기다렸던 것이다.

다섯째, 그는 겸손한 리더였다.

그가 임진왜란에 철저히 대비한 것은 무엇보다도 그의 겸손한 마음가짐 때문이다. 그는 수많은 싸움에서 전승했음에도 오만하지 않고 "나는 나라를 욕되게 했다. 오직 한 번 죽는 일만 남았다."고 자주 말했다. 아마도 그 많은 승리에도 불구하고 육지의 적까지 완전히 소탕하지 못한 것을 안타까워했던 것 같다. 이런 자세 때문에 항상 자신을 채찍질하고 군비를 더욱 철저히 준비했던 것이다.

여섯째, 그는 완벽성을 추구하는 리더였다.

진정한 리더는 매사에 철저하다. 적당주의에 물들어서는 리더가 될 수 없다. 이순신은 스스로 모범을 보임으로써 부하들을 감복시키고 고된 훈련을 이끌어 나갔다. 지금도 이순신이 활쏘기 연습에 매진했던 한산도 활터에 가보면 그의 완벽성을 추구하는 대비태세를 엿볼 수 있다.

화살로 적을 명중시키려면 적과의 거리를 정확히 측정해야 한다. 그러나 바다에서는 거리 감각이 무디어져 다른 배에 탄 적을 정확히 겨냥하기가 힘들다. 이 문제를 해결하기 위해 이순신은 바닷물을 사이에 두고 활 쏘는 곳과 과녁을 배치할 수 있는 곳을 활터로 개발했다. 이런 활터는 그곳이 국내 유일한 곳이라고 한다. 그의 철저성을 엿볼 수 있는 또 하나의 증거는 그의 꼼꼼한 기록 정신이다.

이순신은 임진왜란 7년의 긴 세월 속에서도, 전쟁이라는 극한 상황 속에서도 쉬지 않고 일기를 써 귀중한 '난중일기'를 남겼다. 그는 또 조정에 전쟁 상황을 생생하게 보고했는데 이것도 오늘날 남아 있다. 그런 기록들을 남겨 두지 않았더라면 후세에 큰 문화유산을 물려주지 못했음은 물론 자신의 전투에서까지 혼란과 시행착오를 거듭했을 것이다.

일곱째, 그는 여유를 부릴 줄 아는 리더였다.

전쟁중에서도 시를 읊을 줄 아는 여유를 지녔다. 수백 명의 일본군 포로를 잡아 일을 시키면서도 때로는 술을 베풀기도 했다고 한다. 인간적인 멋이 있는 장군이었다.

이순신 장군이 살았던 시대는 조정이 부패하고 사회가 타락한 시대였다. 그러나 그는 그런 시대를 탓하거나 핑계를 대지 않고 투철한 충성심으로 전쟁에 승리하기 위해 전략을 세우고 최선을 다하는 뛰어난 장군이었지만 그는 악한 사람의 모함을 받아 여러 번 위기를 겪지 않으면 안 되는 불행한 리더였다.

그럼에도 불구하고 유성룡 같은 훌륭한 후원자가 있었기에 성공할 수 있었던 것이다.

자기 주위에 자기를 적극적으로 지원하는 사람이 있다는 것은 위기의 순간에 천군만마와 같은 힘이 되는 것이다. 그런데 이순신 장군이 그런 지원을 받을 수 있었던 것은 그의 탁월한 리더십이 있었기 때문이다.

 진정한 리더십의 소유자는 어느 시대를 막론하고 훌륭한
후원자를 만나게 되는 것이다.